RUSSO
V O C A B U L Á R I O

PALAVRAS MAIS ÚTEIS

PORTUGUÊS
RUSSO

Para alargar o seu léxico e apurar
as suas competências linguísticas

7000 palavras

Vocabulário Português-Russo - 7000 palavras

Por Andrey Taranov

Os vocabulários da T&P Books destinam-se a ajudar a aprender, a memorizar, e a rever palavras estrangeiras. O dicionário é dividido em temas, cobrindo todas as principais esferas de atividades quotidianas, negócios, ciência, cultura, etc.

O processo de aprendizagem, utilizando os dicionários baseados em temáticas da T&P Books dá-lhe as seguintes vantagens:

- Informação de origem corretamente agrupada predetermina o sucesso em fases subsequentes da memorização de palavras
- Disponibilização de palavras derivadas da mesma raiz, o que permite a memorização de unidades de texto (em vez de palavras separadas)
- Pequenas unidades de palavras facilitam o processo de estabelecimento de vínculos associativos necessários para a consolidação do vocabulário
- O nível de conhecimento da língua pode ser estimado pelo número de palavras aprendidas

T&P Books Publishing
www.tpbooks.com

ISBN: 978-1-78400-895-6

Este livro também está disponível em formato E-book.
Por favor visite www.tpbooks.com ou as principais livrarias on-line.

VOCABULÁRIO RUSSO
palavras mais úteis

Os vocabulários da T&P Books destinam-se a ajudar a aprender, a memorizar, e a rever palavras estrangeiras. O vocabulário contém mais de 7000 palavras de uso comum organizadas tematicamente.

O vocabulário contém as palavras mais comummente usadas
Recomendado como adicional para qualquer curso de línguas
Satisfaz as necessidades dos iniciados e dos alunos avançados de línguas estrangeiras
Conveniente para o uso diário, sessões de revisão e atividades de auto-teste
Permite avaliar o seu vocabulário

Características especias do vocabulário

· As palavras estão organizadas de acordo com o seu significado, e não por ordem alfabética
· As palavras são apresentadas em três colunas para facilitar os processos de revisão e auto-teste
· As palavras compostas são divididas em pequenos blocos para facilitar o processo de aprendizagem
· O vocabulário oferece uma transcrição simples e adequada de cada palavra estrangeira

O vocabulário contém 198 tópicos incluindo:

Conceitos básicos, Números, Cores, Meses, Estações do ano, Unidades de medida, Roupas & Acessórios, Alimentos & Nutrição, Restaurante, Membros da Família, Parentes, Caráter, Sentimentos, Emoções, Doenças, Cidade, Passeios, Compras, Dinheiro, Casa, Lar, Escritório, Trabalho no Escritório, Importação & Exportação, Marketing, Pesquisa de Emprego, Desportos, Educação, Computador, Internet, Ferramentas, Natureza, Países, Nacionalidades e muito mais ...

TABELA DE CONTEÚDOS

GUIA DE PRONUNCIAÇÃO

Alfabeto fonético T&P	Exemplo Russo	Exemplo Português

Consoantes

[b]	абрикос [abrikós]	barril
[d]	квадрат [kvadrát]	dentista
[f]	реформа [refórma]	safári
[g]	глина [glína]	gosto
[ʒ]	массажист [masaʒĩst]	talvez
[j]	пресный [présnij]	géiser
[h], [x]	мех, Пасха [méh], [pásxa]	[h] aspirada
[k]	кратер [krátɛr]	kiwi
[l]	лиловый [lilóvij]	libra
[m]	молоко [mɔlɔkó]	magnólia
[n]	нут, пони [nút], [póni]	natureza
[p]	пират [pirát]	presente
[r]	ручей [rutʃéj]	riscar
[s]	суслик [súslik]	sanita
[t]	тоннель [tɔnélʲ]	tulipa
[ʃ]	лишайник [liʃájnik]	mês
[tʃ]	врач, речь [vrátʃ], [rétʃʲ]	Tchau!
[ts]	кузнец [kuznéts]	tsé-tsé
[ʃʲ]	мощность [móʃʲnostʲ]	shiatsu
[v]	молитва [mɔlítva]	fava
[z]	дизайнер [dizájner]	sésamo

Símbolos adicionais

[ʲ]	дикарь [dikárʲ]	sinal de palatalização
[·]	автопилот [aftɔ·pilót]	ponto mediano
[ˈ]	заплата [zapláta]	acento principal

Vogais acentuadas

[á]	платье [plátje]	chamar
[é]	лебедь [lébetʲ]	metal
[ø]	шахтёр [ʃahtǿr]	ioga
[í]	организм [ɔrganízm]	sinónimo
[ó]	роспись [róspisʲ]	lobo
[ú]	инсульт [insúlʲt]	bonita

Alfabeto fonético T&P	Exemplo Russo	Exemplo Português
[ī]	добыча [dɔbɨ̄ʧa]	sinónimo
[æ]	полиэстер [pɔliǽstɛr]	semana
['ú], [jú]	салют, юг [salʲút], [júg]	nacional
['á], [já]	связь, я [svʲásʲ], [já]	Himalaias

Vogais não acentuadas

[a]	гравюра [gravʲúra]	som neutro, semelhante a um xevá [ə]
[e]	кенгуру [kɛngurú]	som neutro, semelhante a um xevá
[ə]	пожалуйста [pɔʒáləsta]	milagre
[i]	рисунок [risúnɔk]	sinónimo
[ɔ]	железо [ʒelézɔ]	som neutro, semelhante a um xevá
[u]	вирус [vírus]	bonita
[ɨ]	первый [pérvɨj]	sinónimo
[ɛ]	аэропорт [aɛrɔpórt]	mesquita
['u], [ju]	брюнет [brʲunét]	nacional
[ɨ], [jɪ]	заяц, язык [záɪts], [jɪzɨ̄k]	som neutro, semelhante a um xevá
['a], [ja]	няня, копия [nʲánʲa], [kópija]	Himalaias

ABREVIATURAS
usadas no vocabulário

Abreviaturas do Português

adj	-	adjetivo
adv	-	advérbio
anim.	-	animado
conj.	-	conjunção
desp.	-	desporto
etc.	-	etecetra
ex.	-	por exemplo
f	-	nome feminino
f pl	-	feminino plural
fem.	-	feminino
inanim.	-	inanimado
m	-	nome masculino
m pl	-	masculino plural
m, f	-	masculino, feminino
masc.	-	masculino
mat.	-	matemática
mil.	-	militar
pl	-	plural
prep.	-	preposição
pron.	-	pronome
sb.	-	sobre
sing.	-	singular
v aux	-	verbo auxiliar
vi	-	verbo intransitivo
vi, vt	-	verbo intransitivo, transitivo
vr	-	verbo reflexivo
vt	-	verbo transitivo

Abreviaturas do Russo

возв	-	verbo reflexivo
ж	-	nome feminino
ж мн	-	feminino plural
м	-	nome masculino
м мн	-	masculino plural
м, ж	-	masculino, feminino
мн	-	plural
н/пх	-	verbo intransitivo, transitivo

н/св	-	aspecto perfectivo/imperfectivo
нпх	-	verbo intransitivo
нсв	-	aspecto imperfectivo
пх	-	verbo transitivo
с	-	neutro
с мн	-	neutro plural
св	-	aspecto perfectivo

CONCEITOS BÁSICOS

Conceitos básicos. Parte 1

1. Pronomes

eu	я	[já]
tu	ты	[tī]
ele	он	[ón]
ela	она	[ɔná]
ele, ela (neutro)	оно	[ɔnó]
nós	мы	[mī]
vocês	вы	[vī]
eles, elas	они	[ɔní]

2. Cumprimentos. Saudações. Despedidas

Olá!	Здравствуй!	[zdrástvuj]
Bom dia! (formal)	Здравствуйте!	[zdrástvujte]
Bom dia! (de manhã)	Доброе утро!	[dóbrɔe útrɔ]
Boa tarde!	Добрый день!	[dóbrij dénʲ]
Boa noite!	Добрый вечер!	[dóbrij vetʃer]
cumprimentar (vt)	здороваться (нсв, возв)	[zdɔróvatsa]
Olá!	Привет!	[privét]
saudação (f)	привет (м)	[privét]
saudar (vt)	приветствовать (нсв, пх)	[privétstvɔvatʲ]
Como vai?	Как у вас дела?	[kák u vás delá?]
Como vais?	Как дела?	[kák delá?]
O que há de novo?	Что нового?	[ʃtó nóvɔvɔ?]
Até à vista!	До свидания!	[dɔ svidánija]
Até breve!	До скорой встречи!	[dɔ skórɔj fstrétʃi]
Adeus! (sing.)	Прощай!	[prɔʃáj]
Adeus! (pl)	Прощайте!	[prɔʃájte]
despedir-se (vr)	прощаться (нсв, возв)	[prɔʃátsa]
Até logo!	Пока!	[pɔká]
Obrigado! -a!	Спасибо!	[spasíbɔ]
Muito obrigado! -a!	Большое спасибо!	[bɔlʃóe spasíbɔ]
De nada	Пожалуйста	[pɔʒáləsta]
Não tem de quê	Не стоит благодарности	[ne stóit blagɔdárnɔsti]
De nada	Не за что	[né za ʃtɔ]
Desculpa!	Извини!	[izviní]
Desculpe!	Извините!	[izviníte]

desculpar (vt)	извинять (нсв, пх)	[izvinʲátʲ]
desculpar-se (vr)	извиняться (нсв, возв)	[izvinʲátsa]
As minhas desculpas	Мои извинения	[mɔí izvinénija]
Desculpe!	Простите!	[prɔstíte]
perdoar (vt)	прощать (нсв, пх)	[prɔʃátʲ]
Não faz mal	Ничего страшного	[nitʃevó stráʃnɔvɔ]
por favor	пожалуйста	[pɔʒálɘsta]
Não se esqueça!	Не забудьте!	[ne zabútʲte]
Certamente! Claro!	Конечно!	[kɔnéʃnɔ]
Claro que não!	Конечно нет!	[kɔnéʃnɔ nét]
Está bem! De acordo!	Согласен!	[sɔglásen]
Basta!	Хватит!	[hvátit]

3. Números cardinais. Parte 1

zero	ноль	[nólʲ]
um	один	[ɔdín]
dois	два	[dvá]
três	три	[trí]
quatro	четыре	[tʃetĩre]
cinco	пять	[pʲátʲ]
seis	шесть	[ʃǽstʲ]
sete	семь	[sémʲ]
oito	восемь	[vósemʲ]
nove	девять	[dévɪtʲ]
dez	десять	[désɪtʲ]
onze	одиннадцать	[ɔdínatsatʲ]
doze	двенадцать	[dvenátsatʲ]
treze	тринадцать	[trinátsatʲ]
catorze	четырнадцать	[tʃetĩrnatsatʲ]
quinze	пятнадцать	[pitnátsatʲ]
dezasseis	шестнадцать	[ʃɛsnátsatʲ]
dezassete	семнадцать	[semnátsatʲ]
dezoito	восемнадцать	[vɔsemnátsatʲ]
dezanove	девятнадцать	[devitnátsatʲ]
vinte	двадцать	[dvátsatʲ]
vinte e um	двадцать один	[dvátsatʲ ɔdín]
vinte e dois	двадцать два	[dvátsatʲ dvá]
vinte e três	двадцать три	[dvátsatʲ trí]
trinta	тридцать	[trítsatʲ]
trinta e um	тридцать один	[trítsatʲ ɔdín]
trinta e dois	тридцать два	[trítsatʲ dvá]
trinta e três	тридцать три	[trítsatʲ trí]
quarenta	сорок	[sórɔk]
quarenta e um	сорок один	[sórɔk ɔdín]
quarenta e dois	сорок два	[sórɔk dvá]
quarenta e três	сорок три	[sórɔk trí]

cinquenta	пятьдесят	[pɪtˈdesʲát]
cinquenta e um	пятьдесят один	[pɪtˈdesʲát ɔdín]
cinquenta e dois	пятьдесят два	[pɪtˈdesʲát dvá]
cinquenta e três	пятьдесят три	[pɪtˈdesʲát trí]

sessenta	шестьдесят	[ʃɛstˈdesʲát]
sessenta e um	шестьдесят один	[ʃɛstˈdesʲát ɔdín]
sessenta e dois	шестьдесят два	[ʃɛstˈdesʲát dvá]
sessenta e três	шестьдесят три	[ʃɛstˈdesʲát trí]

setenta	семьдесят	[sémʲdesɪt]
setenta e um	семьдесят один	[sémʲdesɪt ɔdín]
setenta e dois	семьдесят два	[sémʲdesɪt dvá]
setenta e três	семьдесят три	[sémʲdesɪt trí]

oitenta	восемьдесят	[vósemʲdesɪt]
oitenta e um	восемьдесят один	[vósemʲdesɪt ɔdín]
oitenta e dois	восемьдесят два	[vósemʲdesɪt dvá]
oitenta e três	восемьдесят три	[vósemʲdesɪt trí]

noventa	девяносто	[devɪnóstɔ]
noventa e um	девяносто один	[devɪnóstɔ ɔdín]
noventa e dois	девяносто два	[devɪnóstɔ dvá]
noventa e três	девяносто три	[devɪnóstɔ trí]

4. Números cardinais. Parte 2

cem	сто	[stó]
duzentos	двести	[dvésti]
trezentos	триста	[trísta]
quatrocentos	четыреста	[tʃetŭresta]
quinhentos	пятьсот	[pɪtˈsót]

seiscentos	шестьсот	[ʃɛstˈsót]
setecentos	семьсот	[semʲsót]
oitocentos	восемьсот	[vɔsemʲsót]
novecentos	девятьсот	[devɪtˈsót]

mil	тысяча	[tŭsɪtʃa]
dois mil	две тысячи	[dve tŭsɪtʃi]
De quem são ...?	три тысячи	[trí tŭsɪtʃi]
dez mil	десять тысяч	[désɪtʲ tŭsɪatʃ]
cem mil	сто тысяч	[stó tŭsɪtʃ]
um milhão	миллион (м)	[milión]
mil milhões	миллиард (м)	[miliárd]

5. Números. Frações

fração (f)	дробь (ж)	[drópʲ]
um meio	одна вторая	[ɔdná ftɔrája]
um terço	одна третья	[ɔdná trétja]
um quarto	одна четвёртая	[ɔdná tʃetvǿrtaja]

um oitavo	одна восьмая	[ɔdná vosʲmája]
um décimo	одна десятая	[ɔdná desʲátaja]
dois terços	две третьих	[dve trétjih]
três quartos	три четвёртых	[trí ʧetvǿrtih]

6. Números. Operações básicas

subtração (f)	вычитание (c)	[viʧitánie]
subtrair (vi, vt)	вычитать (нсв, пх)	[viʧitátʲ]
divisão (f)	деление (c)	[delénie]
dividir (vt)	делить (нсв, пх)	[delítʲ]
adição (f)	сложение (c)	[slɔʒǽnie]
somar (vt)	сложить (св, пх)	[slɔʒítʲ]
adicionar (vt)	прибавлять (нсв, пх)	[pribavlʲátʲ]
multiplicação (f)	умножение (c)	[umnɔʒǽnie]
multiplicar (vt)	умножать (нсв, пх)	[umnɔʒátʲ]

7. Números. Diversos

algarismo, dígito (m)	цифра (ж)	[tsífra]
número (m)	число (c)	[ʧisló]
numeral (m)	числительное (c)	[ʧislítelʲnɔe]
menos (m)	минус (м)	[mínus]
mais (m)	плюс (м)	[plʲús]
fórmula (f)	формула (ж)	[fórmula]

cálculo (m)	вычисление (c)	[viʧislénie]
contar (vt)	считать (нсв, пх)	[ʃitátʲ]
calcular (vt)	подсчитывать (нсв, пх)	[potʃítivatʲ]
comparar (vt)	сравнивать (нсв, пх)	[srávnivatʲ]
Quanto, -os, -as?	Сколько?	[skólʲkɔ?]
soma (f)	сумма (ж)	[súmma]
resultado (m)	результат (м)	[rezulʲtát]
resto (m)	остаток (м)	[ɔstátɔk]

alguns, algumas ...	несколько	[néskɔlʲkɔ]
um pouco de ...	мало	[málɔ]
resto (m)	остальное (c)	[ɔstalʲnóe]
um e meio	полтора	[pɔltɔrá]
dúzia (f)	дюжина (ж)	[dʲúʒina]

ao meio	пополам	[pɔpɔlám]
em partes iguais	поровну	[pórɔvnu]
metade (f)	половина (ж)	[pɔlɔvína]
vez (f)	раз (м)	[rás]

8. Os verbos mais importantes. Parte 1

| abrir (vt) | открывать (нсв, пх) | [ɔtkrivátʲ] |
| acabar, terminar (vt) | заканчивать (нсв, пх) | [zakánʧivatʲ] |

aconselhar (vt)	советовать (нсв, пх)	[sɔvétɔvatʲ]
adivinhar (vt)	отгадать (св, пх)	[ɔdgadátʲ]
advertir (vt)	предупреждать (нсв, пх)	[predupreʒdátʲ]
ajudar (vt)	помогать (нсв, пх)	[pɔmɔgátʲ]
almoçar (vi)	обедать (нсв, нпх)	[ɔbédatʲ]
alugar (~ um apartamento)	снимать (нсв, пх)	[snimátʲ]
amar (vt)	любить (нсв, пх)	[lʲubítʲ]
ameaçar (vt)	угрожать (нсв, пх)	[ugrɔʒátʲ]
anotar (escrever)	записывать (нсв, пх)	[zapísivatʲ]
apressar-se (vr)	торопиться (нсв, возв)	[tɔrɔpítsa]
arrepender-se (vr)	сожалеть (нсв, нпх)	[sɔʒilétʲ]
assinar (vt)	подписывать (нсв, пх)	[pɔtpísivatʲ]
atirar, disparar (vi)	стрелять (нсв, нпх)	[strelʲátʲ]
brincar (vi)	шутить (нсв, нпх)	[ʃutítʲ]
brincar, jogar (crianças)	играть (нсв, нпх)	[igrátʲ]
buscar (vt)	искать ... (нсв, пх)	[iskátʲ ...]
caçar (vi)	охотиться (нсв, возв)	[ɔhótitsa]
cair (vi)	падать (нсв, нпх)	[pádatʲ]
cavar (vt)	рыть (нсв, пх)	[rĩtʲ]
cessar (vt)	прекращать (нсв, пх)	[prekraʃátʲ]
chamar (~ por socorro)	звать (нсв, пх)	[zvátʲ]
chegar (vi)	приезжать (нсв, нпх)	[prieʒʒátʲ]
chorar (vi)	плакать (нсв, нпх)	[plákatʲ]
começar (vt)	начинать (нсв, пх)	[natʃinátʲ]
comparar (vt)	сравнивать (нсв, пх)	[srávnivatʲ]
compreender (vt)	понимать (нсв, пх)	[pɔnimátʲ]
concordar (vi)	соглашаться (нсв, возв)	[sɔglaʃátsa]
confiar (vt)	доверять (нсв, пх)	[dɔverʲátʲ]
confundir (equivocar-se)	путать (нсв, пх)	[pútatʲ]
conhecer (vt)	знать (нсв, пх)	[znátʲ]
contar (fazer contas)	считать (нсв, пх)	[ʃʲitátʲ]
contar com (esperar)	рассчитывать на ... (нсв)	[raʃʲítivatʲ na ...]
continuar (vt)	продолжать (нсв, пх)	[prɔdɔlʒátʲ]
controlar (vt)	контролировать (нсв, пх)	[kɔntrɔlírɔvatʲ]
convidar (vt)	приглашать (нсв, пх)	[priglaʃátʲ]
correr (vi)	бежать (н/св, нпх)	[beʒátʲ]
criar (vt)	создать (св, пх)	[sɔzdátʲ]
custar (vt)	стоить (нсв, пх)	[stóitʲ]

9. Os verbos mais importantes. Parte 2

dar (vt)	давать (нсв, пх)	[davátʲ]
dar uma dica	подсказать (св, пх)	[pɔtskazátʲ]
decorar (enfeitar)	украшать (нсв, пх)	[ukraʃátʲ]
defender (vt)	защищать (нсв, пх)	[zaʃʲiʃátʲ]
deixar cair (vt)	ронять (нсв, пх)	[rɔnʲátʲ]
descer (para baixo)	спускаться (нсв, возв)	[spuskátsa]

desculpar (vt)	извинять (нсв, пх)	[izvinʲátʲ]
desculpar-se (vr)	извиняться (нсв, возв)	[izvinʲátsa]
dirigir (~ uma empresa)	руководить (нсв, пх)	[rukovodítʲ]
discutir (notícias, etc.)	обсуждать (нсв, пх)	[ɔpsuʒdátʲ]
dizer (vt)	сказать (нсв, пх)	[skazátʲ]

duvidar (vt)	сомневаться (нсв, возв)	[sɔmnevátsa]
encontrar (achar)	находить (нсв, пх)	[nahɔdítʲ]
enganar (vt)	обманывать (нсв, пх)	[ɔbmánivatʲ]
entrar (na sala, etc.)	входить (нсв, нпх)	[fhɔdítʲ]
enviar (uma carta)	отправлять (нсв, пх)	[ɔtpravlʲátʲ]

errar (equivocar-se)	ошибаться (нсв, возв)	[ɔʃibátsa]
escolher (vt)	выбирать (нсв, пх)	[vibirátʲ]
esconder (vt)	прятать (нсв, пх)	[prʲátatʲ]
escrever (vt)	писать (нсв, пх)	[pisátʲ]
esperar (o autocarro, etc.)	ждать (нсв, пх)	[ʒdátʲ]

esperar (ter esperança)	надеяться (нсв, возв)	[nadéɪtsa]
esquecer (vt)	забывать (нсв, пх)	[zabivátʲ]
estudar (vt)	изучать (нсв, пх)	[izutʃátʲ]
exigir (vt)	требовать (нсв, пх)	[trébɔvatʲ]
existir (vi)	существовать (нсв, нпх)	[suʃʲestvɔvátʲ]

explicar (vt)	объяснять (нсв, пх)	[ɔbjɪsnʲátʲ]
falar (vi)	говорить (нсв, н/пх)	[gɔvɔrítʲ]
faltar (clases, etc.)	пропускать (нсв, пх)	[prɔpuskátʲ]
fazer (vt)	делать (нсв, пх)	[délatʲ]
ficar em silêncio	молчать (нсв, нпх)	[mɔltʃátʲ]
gabar-se, jactar-se (vr)	хвастаться (нсв, возв)	[hvástatsa]

gostar (apreciar)	нравиться (нсв, возв)	[nrávitsa]
gritar (vi)	кричать (нсв, нпх)	[kritʃátʲ]
guardar (cartas, etc.)	сохранять (нсв, пх)	[sɔhranʲátʲ]
informar (vt)	информировать (н/св, пх)	[infɔrmírɔvatʲ]
insistir (vi)	настаивать (нсв, нпх)	[nastáivatʲ]

insultar (vt)	оскорблять (нсв, пх)	[ɔskɔrblʲátʲ]
interessar-se (vr)	интересоваться (нсв, возв)	[interesɔvátsa]
ir (a pé)	идти (нсв, нпх)	[itʲtí]
ir nadar	купаться (нсв, возв)	[kupátsa]
jantar (vi)	ужинать (нсв, нпх)	[úʒinatʲ]

10. Os verbos mais importantes. Parte 3

ler (vt)	читать (нсв, н/пх)	[tʃitátʲ]
libertar (cidade, etc.)	освобождать (нсв, пх)	[ɔsvɔbɔʒdátʲ]
matar (vt)	убивать (нсв, пх)	[ubivátʲ]
mencionar (vt)	упоминать (нсв, пх)	[upɔminátʲ]
mostrar (vt)	показывать (нсв, пх)	[pɔkázivatʲ]

mudar (modificar)	изменить (св, пх)	[izmenítʲ]
nadar (vi)	плавать (нсв, нпх)	[plávatʲ]
negar-se a ...	отказываться (нсв, возв)	[ɔtkázivatsa]

objetar (vt)	возражать (нсв, н/пх)	[vɔzraʒátʲ]
observar (vt)	наблюдать (нсв, н/пх)	[nablʲudátʲ]
ordenar (mil.)	приказывать (нсв, пх)	[prikázivatʲ]
ouvir (vt)	слышать (нсв, пх)	[slíʃatʲ]
pagar (vt)	платить (нсв, н/пх)	[platítʲ]
parar (vi)	останавливаться (нсв, возв)	[ɔstanávlivatsa]

participar (vi)	участвовать (нсв, нпх)	[utʃástvɔvatʲ]
pedir (comida)	заказывать (нсв, пх)	[zakázivatʲ]
pedir (um favor, etc.)	просить (нсв, пх)	[prɔsítʲ]
pegar (tomar)	брать (нсв), взять (св)	[brátʲ], [vzʲátʲ]
pensar (vt)	думать (нсв, н/пх)	[dúmatʲ]

perceber (ver)	замечать (нсв, пх)	[zametʃátʲ]
perdoar (vt)	прощать (нсв, пх)	[prɔʃátʲ]
perguntar (vt)	спрашивать (нсв, пх)	[spráʃivatʲ]
permitir (vt)	разрешать (нсв, пх)	[razreʃátʲ]
pertencer a …	принадлежать … (нсв, нпх)	[prinadleʒátʲ …]

planear (vt)	планировать (нсв, пх)	[planírɔvatʲ]
poder (vi)	мочь (нсв, нпх)	[mótʃʲ]
possuir (vt)	владеть (нсв, пх)	[vladétʲ]
preferir (vt)	предпочитать (нсв, пх)	[pretpɔtʃitátʲ]
preparar (vt)	готовить (нсв, пх)	[gɔtóvitʲ]

prever (vt)	предвидеть (нсв, пх)	[predvídetʲ]
prometer (vt)	обещать (н/св, пх)	[ɔbeʃátʲ]
pronunciar (vt)	произносить (нсв, пх)	[prɔiznɔsítʲ]
propor (vt)	предлагать (нсв, пх)	[predlagátʲ]
punir (castigar)	наказывать (нсв, пх)	[nakázivatʲ]

11. Os verbos mais importantes. Parte 4

quebrar (vt)	ломать (нсв, пх)	[lɔmátʲ]
queixar-se (vr)	жаловаться (нсв, возв)	[ʒálɔvatsa]
querer (desejar)	хотеть (нсв, пх)	[hɔtétʲ]
recomendar (vt)	рекомендовать (нсв, пх)	[rekɔmendɔvátʲ]
repetir (dizer outra vez)	повторять (нсв, пх)	[pɔftɔrʲátʲ]

repreender (vt)	ругать (нсв, пх)	[rugátʲ]
reservar (~ um quarto)	резервировать (н/св, пх)	[rezervírɔvatʲ]
responder (vt)	отвечать (нсв, пх)	[ɔtvetʃátʲ]
rezar, orar (vi)	молиться (нсв, возв)	[mɔlítsa]
rir (vi)	смеяться (нсв, возв)	[smejátsa]

roubar (vt)	красть (нсв, н/пх)	[krástʲ]
sair (~ de casa)	выходить (нсв, нпх)	[vihɔdítʲ]
salvar (vt)	спасать (нсв, пх)	[spasátʲ]
seguir …	следовать за … (нсв)	[slédɔvatʲ za …]

sentar-se (vr)	садиться (нсв, возв)	[sadítsa]
ser necessário	требоваться (нсв, возв)	[trébɔvatsa]
ser, estar	быть (нсв, нпх)	[bítʲ]
significar (vt)	означать (нсв, пх)	[ɔznatʃátʲ]

sorrir (vi)	улыбаться (нсв, возв)	[ulibátsa]
subestimar (vt)	недооценивать (нсв, пх)	[nedɔɔtsǽnivatʲ]
surpreender-se (vr)	удивляться (нсв, возв)	[udivlʲátsa]
tentar (vt)	пробовать (нсв, пх)	[próbɔvatʲ]

ter (vt)	иметь (нсв, пх)	[imétʲ]
ter fome	хотеть есть (нсв)	[hɔtétʲ éstʲ]
ter medo	бояться (нсв, возв)	[bɔjátsa]
ter sede	хотеть пить	[hɔtétʲ pítʲ]

tocar (com as mãos)	трогать (нсв, пх)	[trógatʲ]
tomar o pequeno-almoço	завтракать (нсв, нпх)	[záftrakatʲ]
trabalhar (vi)	работать (нсв, нпх)	[rabótatʲ]
traduzir (vt)	переводить (нсв, пх)	[perevɔdítʲ]
unir (vt)	объединять (нсв, пх)	[ɔbjedinʲátʲ]

vender (vt)	продавать (нсв, пх)	[prɔdavátʲ]
ver (vt)	видеть (нсв, пх)	[vídetʲ]
virar (ex. ~ à direita)	поворачивать (нсв, нпх)	[pɔvɔrátʃivatʲ]

12. Cores

cor (f)	цвет (м)	[tsvét]
matiz (m)	оттенок (м)	[ɔtténɔk]
tom (m)	тон (м)	[tón]
arco-íris (m)	радуга (ж)	[ráduga]

branco	белый	[bélij]
preto	чёрный	[tʃórnij]
cinzento	серый	[sérij]

verde	зелёный	[zelǿnij]
amarelo	жёлтый	[ʒóltij]
vermelho	красный	[krásnij]

azul	синий	[sínij]
azul claro	голубой	[gɔlubój]
rosa	розовый	[rózɔvij]
laranja	оранжевый	[ɔránʒevij]
violeta	фиолетовый	[fiɔlétɔvij]
castanho	коричневый	[kɔrítʃnevij]

| dourado | золотой | [zɔlɔtój] |
| prateado | серебристый | [serebrístij] |

bege	бежевый	[béʒevij]
creme	кремовый	[krémɔvij]
turquesa	бирюзовый	[birʲuzóvij]
vermelho cereja	вишнёвый	[viʃnǿvij]
lilás	лиловый	[lilóvij]
carmesim	малиновый	[malínɔvij]

| claro | светлый | [svétlij] |
| escuro | тёмный | [tǿmnij] |

vivo	яркий	[járkij]
de cor	цветной	[tsvetnój]
a cores	цветной	[tsvetnój]
preto e branco	чёрно-белый	[tʃórnɔ-bélij]
unicolor	одноцветный	[ɔdnɔtsvétnij]
multicor	разноцветный	[raznɔtsvétnij]

13. Questões

Quem?	Кто?	[któ?]
Que?	Что?	[ʃtó?]
Onde?	Где?	[gdé?]
Para onde?	Куда?	[kudá?]
De onde?	Откуда?	[ɔtkúda?]
Quando?	Когда?	[kɔgdá?]
Para quê?	Зачем?	[zatʃém?]
Porquê?	Почему?	[pɔtʃemú?]

Para quê?	Для чего?	[dlʲa tʃevó?]
Como?	Как?	[kák?]
Qual?	Какой?	[kakój?]
Qual? (entre dois ou mais)	Который?	[kɔtórij?]

A quem?	Кому?	[kɔmú?]
Sobre quem?	О ком?	[ɔ kóm?]
Do quê?	О чём?	[ɔ tʃóm?]
Com quem?	С кем?	[s kém?]

Quanto, -os, -as?	Сколько?	[skólʲkɔ?]
De quem? (masc.)	Чей?	[tʃéj?]
De quem é? (fem.)	Чья?	[tʃjá?]
De quem são? (pl)	Чьи?	[tʃjí?]

14. Palavras funcionais. Advérbios. Parte 1

Onde?	Где?	[gdé?]
aqui	здесь	[zdésʲ]
lá, ali	там	[tám]

| em algum lugar | где-то | [gdé-tɔ] |
| em lugar nenhum | нигде | [nigdé] |

| ao pé de … | у, около | [u], [ókɔlɔ] |
| ao pé da janela | у окна | [u ɔkná] |

Para onde?	Куда?	[kudá?]
para cá	сюда	[sʲudá]
para lá	туда	[tudá]
daqui	отсюда	[ɔtsʲúda]
de lá, dali	оттуда	[ɔttúda]
perto	близко	[blískɔ]
longe	далеко	[dalekó]

perto de …	около	[ókɔlɔ]
ao lado de	рядом	[rʲádɔm]
perto, não fica longe	недалеко	[nedalekó]

esquerdo	левый	[lévij]
à esquerda	слева	[sléva]
para esquerda	налево	[nalévɔ]

direito	правый	[právij]
à direita	справа	[správa]
para direita	направо	[naprávɔ]

à frente	спереди	[spéredi]
da frente	передний	[perédnij]
em frente (para a frente)	вперёд	[fperǿd]

atrás de …	сзади	[szádi]
por detrás (vir ~)	сзади	[szádi]
para trás	назад	[nazád]

| meio (m), metade (f) | середина (ж) | [seredína] |
| no meio | посередине | [pɔseredíne] |

de lado	сбоку	[zbóku]
em todo lugar	везде	[vezdé]
ao redor (olhar ~)	вокруг	[vɔkrúg]

de dentro	изнутри	[iznutrí]
para algum lugar	куда-то	[kudá-tɔ]
diretamente	напрямик	[naprɪmík]
de volta	обратно	[ɔbrátnɔ]

| de algum lugar | откуда-нибудь | [ɔtkúda-nibutʲ] |
| de um lugar | откуда-то | [ɔtkúda-tɔ] |

em primeiro lugar	во-первых	[vɔ-pérvih]
em segundo lugar	во-вторых	[vɔ-ftɔrɨ́h]
em terceiro lugar	в-третьих	[f trétjih]

de repente	вдруг	[vdrúg]
no início	вначале	[vnatʃále]
pela primeira vez	впервые	[fpervɨ́je]
muito antes de …	задолго до …	[zadólgɔ dɔ …]
de novo, novamente	заново	[zánɔvɔ]
para sempre	насовсем	[nasɔfsém]

nunca	никогда	[nikɔgdá]
de novo	опять	[ɔpʲátʲ]
agora	теперь	[tepérʲ]
frequentemente	часто	[tʃástɔ]
então	тогда	[tɔgdá]
urgentemente	срочно	[srótʃnɔ]
usualmente	обычно	[ɔbɨ̃tʃnɔ]

| a propósito, … | кстати, … | [kstáti, …] |
| é possível | возможно | [vɔzmóʒnɔ] |

provavelmente	вероятно	[verɔjátnɔ]
talvez	может быть	[móʒet bĩtʲ]
além disso, ...	кроме того, ...	[króme tɔvó, ...]
por isso ...	поэтому ...	[pɔǽtɔmu ...]
apesar de ...	несмотря на ...	[nesmɔtrʲá na ...]
graças a ...	благодаря ...	[blagɔdarʲá ...]

que (pron.)	что	[ʃtó]
que (conj.)	что	[ʃtó]
algo	что-то	[ʃtó-tɔ]
alguma coisa	что-нибудь	[ʃtó-nibutʲ]
nada	ничего	[nitʃevó]

quem	кто	[któ]
alguém (~ teve uma ideia ...)	кто-то	[któ-tɔ]
alguém	кто-нибудь	[któ-nibutʲ]

ninguém	никто	[niktó]
para lugar nenhum	никуда	[nikudá]
de ninguém	ничей	[nitʃéj]
de alguém	чей-нибудь	[tʃej-nibútʲ]

tão	так	[ták]
também (gostaria ~ de ...)	также	[tágʒe]
também (~ eu)	тоже	[tóʒe]

15. Palavras funcionais. Advérbios. Parte 2

Porquê?	Почему?	[pɔtʃemú?]
por alguma razão	почему-то	[pɔtʃemú-tɔ]
porque ...	потому, что ...	[pɔtɔmú, ʃtó ...]
por qualquer razão	зачем-то	[zatʃém-tɔ]

e (tu ~ eu)	и	[i]
ou (ser ~ não ser)	или	[íli]
mas (porém)	но	[nó]
para (~ a minha mãe)	для	[dlʲá]

demasiado, muito	слишком	[slíʃkɔm]
só, somente	только	[tólʲkɔ]
exatamente	точно	[tótʃnɔ]
cerca de (~ 10 kg)	около	[ókɔlɔ]

aproximadamente	приблизительно	[priblizítelʲnɔ]
aproximado	приблизительный	[priblizítelʲnij]
quase	почти	[pɔtʃtí]
resto (m)	остальное (c)	[ɔstalʲnóe]

cada	каждый	[káʒdij]
qualquer	любой	[lʲubój]
muito	много	[mnógɔ]
muitas pessoas	многие	[mnógie]
todos	все	[fsé]
em troca de ...	в обмен на ...	[v ɔbmén na ...]

em troca	взамен	[vzamén]
à mão	вручную	[vrutʃnúju]
pouco provável	вряд ли	[vrʲát lí]
provavelmente	наверное	[navérnɔe]
de propósito	нарочно	[naróʃnɔ]
por acidente	случайно	[slutʃájnɔ]
muito	очень	[ótʃenʲ]
por exemplo	например	[naprimér]
entre	между	[méʒdu]
entre (no meio de)	среди	[sredí]
tanto	столько	[stólʲkɔ]
especialmente	особенно	[ɔsóbennɔ]

Conceitos básicos. Parte 2

16. Opostos

rico	богатый	[bɔgátij]
pobre	бедный	[bédnij]
doente	больной	[bɔlʲnój]
são	здоровый	[zdɔróvij]
grande	большой	[bɔlʲʃój]
pequeno	маленький	[málenʲkij]
rapidamente	быстро	[bīstrɔ]
lentamente	медленно	[médlenɔ]
rápido	быстрый	[bīstrij]
lento	медленный	[médlenij]
alegre	весёлый	[vesǿlij]
triste	грустный	[grúsnij]
juntos	вместе	[vméste]
separadamente	отдельно	[ɔtdélʲnɔ]
em voz alta (ler ~)	вслух	[fslúh]
para si (em silêncio)	про себя	[prɔ sebʲá]
alto	высокий	[vɨsókij]
baixo	низкий	[nískij]
profundo	глубокий	[glubókij]
pouco fundo	мелкий	[mélkij]
sim	да	[dá]
não	нет	[nét]
distante (no espaço)	далёкий	[dalǿkij]
próximo	близкий	[blískij]
longe	далеко	[dalekó]
perto	рядом	[rʲádɔm]
longo	длинный	[dlínnij]
curto	короткий	[kɔrótkij]
bom, bondoso	добрый	[dóbrij]
mau	злой	[zlój]

casado	женатый	[ʒenátij]
solteiro	холостой	[hɔlɔstój]
proibir (vt)	запретить (св, пх)	[zapretítʲ]
permitir (vt)	разрешить (св, пх)	[razreʃítʲ]
fim (m)	конец (м)	[kɔnéts]
começo (m)	начало (с)	[natʃálɔ]
esquerdo	левый	[lévij]
direito	правый	[právij]
primeiro	первый	[pérvij]
último	последний	[pɔslédnij]
crime (m)	преступление (с)	[prestuplénie]
castigo (m)	наказание (с)	[nakazánie]
ordenar (vt)	приказать (св, пх)	[prikazátʲ]
obedecer (vt)	подчиниться (св, возв)	[pottʃinítsa]
reto	прямой	[prɪmój]
curvo	кривой	[krivój]
paraíso (m)	рай (м)	[ráj]
inferno (m)	ад (м)	[ád]
nascer (vi)	родиться (св, возв)	[rɔdítsa]
morrer (vi)	умереть (св, нпх)	[umerétʲ]
forte	сильный	[sílʲnij]
fraco, débil	слабый	[slábij]
idoso	старый	[stárij]
jovem	молодой	[mɔlɔdój]
velho	старый	[stárij]
novo	новый	[nóvij]
duro	твёрдый	[tvɵ́rdij]
mole	мягкий	[mʲáhkij]
tépido	тёплый	[tɵ́plij]
frio	холодный	[hɔlódnij]
gordo	толстый	[tólstij]
magro	худой	[hudój]
estreito	узкий	[úskij]
largo	широкий	[ʃirókij]
bom	хороший	[hɔróʃij]
mau	плохой	[plɔhój]
valente	храбрый	[hrábrij]
cobarde	трусливый	[truslívij]

17. Dias da semana

segunda-feira (f)	понедельник (м)	[pɔnedélʲnik]
terça-feira (f)	вторник (м)	[ftórnik]
quarta-feira (f)	среда (ж)	[sredá]
quinta-feira (f)	четверг (м)	[tʃetvérg]
sexta-feira (f)	пятница (ж)	[pʲátnitsa]
sábado (m)	суббота (ж)	[subóta]
domingo (m)	воскресенье (c)	[vɔskresénje]

hoje	сегодня	[sevódnʲa]
amanhã	завтра	[záftra]
depois de amanhã	послезавтра	[pɔslezáftra]
ontem	вчера	[ftʃerá]
anteontem	позавчера	[pɔzaftʃerá]

dia (m)	день (м)	[dénʲ]
dia (m) de trabalho	рабочий день (м)	[rabótʃij dénʲ]
feriado (m)	праздник (м)	[práznik]
dia (m) de folga	выходной день (м)	[vihɔdnój dénʲ]
fim (m) de semana	выходные (мн)	[vihɔdnīje]

o dia todo	весь день	[vesʲ dénʲ]
no dia seguinte	на следующий день	[na sléduʃij dénʲ]
há dois dias	2 дня назад	[dvá dnʲá nazád]
na véspera	накануне	[nakanúne]
diário	ежедневный	[eʒednévnij]
todos os dias	ежедневно	[eʒednévnɔ]

semana (f)	неделя (ж)	[nedélʲa]
na semana passada	на прошлой неделе	[na próʃɔj nedéle]
na próxima semana	на следующей неделе	[na sléduʃej nedéle]
semanal	еженедельный	[eʒenedélʲnij]
cada semana	еженедельно	[eʒenedélʲnɔ]
duas vezes por semana	2 раза в неделю	[dvá ráza v nedélʲu]
cada terça-feira	каждый вторник	[káʒdij ftórnik]

18. Horas. Dia e noite

manhã (f)	утро (c)	[útrɔ]
de manhã	утром	[útrɔm]
meio-dia (m)	полдень (м)	[póldenʲ]
à tarde	после обеда	[pósle ɔbéda]

noite (f)	вечер (м)	[vétʃer]
à noite (noitinha)	вечером	[vétʃerɔm]
noite (f)	ночь (ж)	[nótʃʲ]
à noite	ночью	[nótʃʲju]
meia-noite (f)	полночь (ж)	[pólnɔtʃʲ]

segundo (m)	секунда (ж)	[sekúnda]
minuto (m)	минута (ж)	[minúta]
hora (f)	час (м)	[tʃás]

meia hora (f)	полчаса (мн)	[pɔltʃasá]
quarto (m) de hora	четверть (ж) часа	[tʃétvertʲ tʃása]
quinze minutos	15 минут	[pitnátsatʲ minút]
vinte e quatro horas	сутки (мн)	[sútki]
nascer (m) do sol	восход (м) солнца	[vɔsxód sóntsa]
amanhecer (m)	рассвет (м)	[rasvét]
madrugada (f)	раннее утро (с)	[ránnee útrɔ]
pôr do sol (m)	закат (м)	[zakát]
de madrugada	рано утром	[ránɔ útrɔm]
hoje de manhã	сегодня утром	[sevódnʲa útrɔm]
amanhã de manhã	завтра утром	[záftra útrɔm]
hoje à tarde	сегодня днём	[sevódnʲa dnǿm]
à tarde	после обеда	[pósle ɔbéda]
amanhã à tarde	завтра после обеда	[záftra pósle ɔbéda]
hoje à noite	сегодня вечером	[sevódnʲa vétʃerɔm]
amanhã à noite	завтра вечером	[záftra vetʃerɔm]
às três horas em ponto	ровно в 3 часа	[róvnɔ f trí tʃasá]
por volta das quatro	около 4-х часов	[ókɔlɔ tʃetîróh tʃasóf]
às doze	к 12-ти часам	[k dvenátsatí tʃasám]
dentro de vinte minutos	через 20 минут	[tʃéres dvátsatʲ minút]
dentro duma hora	через час	[tʃéres tʃás]
a tempo	вовремя	[vóvremʲa]
menos um quarto	без четверти …	[bes tʃétverti …]
durante uma hora	в течение часа	[f tetʃénie tʃása]
a cada quinze minutos	каждые 15 минут	[káʒdie pitnátsatʲ minút]
as vinte e quatro horas	круглые сутки	[krúglie sútki]

19. Meses. Estações

janeiro (m)	январь (м)	[jɪnvárʲ]
fevereiro (m)	февраль (м)	[fevrálʲ]
março (m)	март (м)	[márt]
abril (m)	апрель (м)	[aprélʲ]
maio (m)	май (м)	[máj]
junho (m)	июнь (м)	[ijúnʲ]
julho (m)	июль (м)	[ijúlʲ]
agosto (m)	август (м)	[ávgust]
setembro (m)	сентябрь (м)	[sentʲábrʲ]
outubro (m)	октябрь (м)	[ɔktʲábrʲ]
novembro (m)	ноябрь (м)	[nɔjábrʲ]
dezembro (m)	декабрь (м)	[dekábrʲ]
primavera (f)	весна (ж)	[vesná]
na primavera	весной	[vesnój]
primaveril	весенний	[vesénnij]
verão (m)	лето (с)	[létɔ]

| no verão | летом | [létɔm] |
| de verão | летний | [létnij] |

outono (m)	осень (ж)	[ósenʲ]
no outono	осенью	[ósenju]
outonal	осенний	[ɔsénnij]

inverno (m)	зима (ж)	[zimá]
no inverno	зимой	[zimój]
de inverno	зимний	[zímnij]
mês (m)	месяц (м)	[mésɪts]
este mês	в этом месяце	[v ǽtɔm mésɪtse]
no próximo mês	в следующем месяце	[f sléduʃem mésɪtse]
no mês passado	в прошлом месяце	[f próʃlɔm mésɪtse]

há um mês	месяц назад	[mésɪts nazád]
dentro de um mês	через месяц	[tʃéres mésɪts]
dentro de dois meses	через 2 месяца	[tʃéres dvá mésɪtsa]
todo o mês	весь месяц	[vesʲ mésɪts]
um mês inteiro	целый месяц	[tsǽlij mésɪts]

mensal	ежемесячный	[eʒemésɪtʃnij]
mensalmente	ежемесячно	[eʒemésɪtʃnɔ]
cada mês	каждый месяц	[káʒdij mésɪts]
duas vezes por mês	2 раза в месяц	[dvá ráza v mésɪts]

ano (m)	год (м)	[gód]
este ano	в этом году	[v ǽtɔm gɔdú]
no próximo ano	в следующем году	[f sléduʃem gɔdú]
no ano passado	в прошлом году	[f próʃlɔm gɔdú]
há um ano	год назад	[gót nazád]
dentro dum ano	через год	[tʃéres gód]
dentro de 2 anos	через 2 года	[tʃéres dvá góda]
todo o ano	весь год	[vesʲ gód]
um ano inteiro	целый год	[tsǽlij gód]

cada ano	каждый год	[káʒdij gód]
anual	ежегодный	[eʒegódnij]
anualmente	ежегодно	[eʒegódnɔ]
quatro vezes por ano	4 раза в год	[tʃetĩre ráza v gód]

data (~ de hoje)	число (с)	[tʃisló]
data (ex. ~ de nascimento)	дата (ж)	[dáta]
calendário (m)	календарь (м)	[kalendárʲ]

meio ano	полгода	[pɔlgóda]
seis meses	полугодие (с)	[pɔlugódie]
estação (f)	сезон (м)	[sezón]
século (m)	век (м)	[vék]

20. Tempo. Diversos

| tempo (m) | время (с) | [vrémʲa] |
| momento (m) | миг (м) | [míg] |

instante (m)	мгновение (c)	[mgnɔvénie]
instantâneo	мгновенный	[mgnɔvénnij]
lapso (m) de tempo	отрезок (м)	[ɔtrézɔk]
vida (f)	жизнь (ж)	[ʒīznʲ]
eternidade (f)	вечность (ж)	[vétʃnɔstʲ]

época (f)	эпоха (ж)	[ɛpóha]
era (f)	эра (ж)	[ǽra]
ciclo (m)	цикл (м)	[tsīkl]
período (m)	период (м)	[períud]
prazo (m)	срок (м)	[srók]

futuro (m)	будущее (c)	[búduʃee]
futuro	будущий	[búduʃij]
da próxima vez	в следующий раз	[f sléduʃij rás]
passado (m)	прошлое (c)	[próʃlɔe]
passado	прошлый	[próʃlij]
na vez passada	в прошлый раз	[f próʃlij rás]
mais tarde	позже	[póʒʒe]
depois	после	[pósle]
atualmente	теперь	[tepérʲ]
agora	сейчас	[sejtʃás]
imediatamente	немедленно	[nemédlenɔ]
em breve, brevemente	скоро	[skórɔ]
de antemão	заранее	[zaránee]

há muito tempo	давно	[davnó]
há pouco tempo	недавно	[nedávnɔ]
destino (m)	судьба (ж)	[sutʲbá]
recordações (f pl)	память (ж)	[pámɪtʲ]
arquivo (m)	архив (м)	[arhíf]
durante ...	во время ...	[vɔ vrémʲa ...]
durante muito tempo	долго	[dólgɔ]
pouco tempo	недолго	[nedólgɔ]
cedo (levantar-se ~)	рано	[ránɔ]
tarde (deitar-se ~)	поздно	[póznɔ]

para sempre	навсегда	[nafsegdá]
começar (vt)	начинать (нсв, пх)	[natʃinátʲ]
adiar (vt)	перенести (св, пх)	[perenestí]

simultaneamente	одновременно	[ɔdnɔvreménnɔ]
permanentemente	постоянно	[pɔstɔjánnɔ]
constante (ruído, etc.)	постоянный	[pɔstɔjánnij]
temporário	временный	[vrémennij]

às vezes	иногда	[inɔgdá]
raramente	редко	[rétkɔ]
frequentemente	часто	[tʃástɔ]

21. Linhas e formas

quadrado (m)	квадрат (м)	[kvadrát]
quadrado	квадратный	[kvadrátnij]

círculo (m)	круг (м)	[krúg]
redondo	круглый	[krúglij]
triângulo (m)	треугольник (м)	[treugólʲnik]
triangular	треугольный	[treugólʲnij]

oval (f)	овал (м)	[ɔvál]
oval	овальный	[ɔválʲnij]
retângulo (m)	прямоугольник (м)	[prɪmɔugólʲnik]
retangular	прямоугольный	[prɪmɔugólʲnij]

pirâmide (f)	пирамида (ж)	[piramída]
rombo, losango (m)	ромб (м)	[rómp]
trapézio (m)	трапеция (ж)	[trapéʦija]
cubo (m)	куб (м)	[kúb]
prisma (m)	призма (ж)	[prízma]

circunferência (f)	окружность (ж)	[ɔkrúʒnɔstʲ]
esfera (f)	сфера (ж)	[sféra]
globo (m)	шар (м)	[ʃár]
diâmetro (m)	диаметр (м)	[diámetr]
raio (m)	радиус (м)	[rádius]
perímetro (m)	периметр (м)	[perímetr]
centro (m)	центр (м)	[ʦǽntr]

horizontal	горизонтальный	[gɔrizɔntálʲnij]
vertical	вертикальный	[vertikálʲnij]
paralela (f)	параллель (ж)	[paralélʲ]
paralelo	параллельный	[paralélʲnij]

linha (f)	линия (ж)	[línija]
traço (m)	черта (ж)	[tʃertá]
reta (f)	прямая (ж)	[prɪmája]
curva (f)	кривая (ж)	[krivája]
fino (linha ~a)	тонкий	[tónkij]
contorno (m)	контур (м)	[kóntur]

interseção (f)	пересечение (с)	[peresetʃénie]
ângulo (m) reto	прямой угол (м)	[prɪmój úgɔl]
segmento (m)	сегмент (м)	[segmént]
setor (m)	сектор (м)	[séktɔr]
lado (de um triângulo, etc.)	сторона (ж)	[stɔrɔná]
ângulo (m)	угол (м)	[úgɔl]

22. Unidades de medida

peso (m)	вес (м)	[vés]
comprimento (m)	длина (ж)	[dliná]
largura (f)	ширина (ж)	[ʃiriná]
altura (f)	высота (ж)	[visɔtá]
profundidade (f)	глубина (ж)	[glubiná]
volume (m)	объём (м)	[ɔbjóm]
área (f)	площадь (ж)	[plóʃatʲ]
grama (m)	грамм (м)	[grám]
miligrama (m)	миллиграмм (м)	[miligrám]

quilograma (m)	килограмм (м)	[kilográm]
tonelada (f)	тонна (ж)	[tónna]
libra (453,6 gramas)	фунт (м)	[fúnt]
onça (f)	унция (ж)	[úntsija]

metro (m)	метр (м)	[métr]
milímetro (m)	миллиметр (м)	[milimétr]
centímetro (m)	сантиметр (м)	[santimétr]
quilómetro (m)	километр (м)	[kilométr]
milha (f)	миля (ж)	[mílʲa]

polegada (f)	дюйм (м)	[dʲújm]
pé (304,74 mm)	фут (м)	[fút]
jarda (914,383 mm)	ярд (м)	[járd]

metro (m) quadrado	квадратный метр (м)	[kvadrátnij métr]
hectare (m)	гектар (м)	[gektár]

litro (m)	литр (м)	[lítr]
grau (m)	градус (м)	[grádus]
volt (m)	вольт (м)	[vólʲt]
ampere (m)	ампер (м)	[ampér]
cavalo-vapor (m)	лошадиная сила (ж)	[loʃidínaja síla]

quantidade (f)	количество (с)	[kolítʃestvo]
um pouco de ...	немного ...	[nemnógo ...]
metade (f)	половина (ж)	[polovína]
dúzia (f)	дюжина (ж)	[dʲúʒina]
peça (f)	штука (ж)	[ʃtúka]

dimensão (f)	размер (м)	[razmér]
escala (f)	масштаб (м)	[maʃtáb]

mínimo	минимальный	[minimálʲnij]
menor, mais pequeno	наименьший	[naiménʲʃij]
médio	средний	[srédnij]
máximo	максимальный	[maksimálʲnij]
maior, mais grande	наибольший	[naibólʲʃij]

23. Recipientes

boião (m) de vidro	банка (ж)	[bánka]
lata (~ de cerveja)	банка (ж)	[bánka]
balde (m)	ведро (с)	[vedró]
barril (m)	бочка (ж)	[bótʃka]

bacia (~ de plástico)	таз (м)	[tás]
tanque (m)	бак (м)	[bák]
cantil (m) de bolso	фляжка (ж)	[flʲáʃka]
bidão (m) de gasolina	канистра (ж)	[kanístra]
cisterna (f)	цистерна (ж)	[tsistǽrna]

caneca (f)	кружка (ж)	[krúʃka]
chávena (f)	чашка (ж)	[tʃáʃka]

pires (m)	блюдце (c)	[blʲútse]
copo (m)	стакан (м)	[stakán]
taça (f) de vinho	бокал (м)	[bɔkál]
panela, caçarola (f)	кастрюля (ж)	[kastrʲúlʲa]

| garrafa (f) | бутылка (ж) | [butĩlka] |
| gargalo (m) | горлышко (c) | [górliʃkɔ] |

jarro, garrafa (f)	графин (м)	[grafín]
jarro (m) de barro	кувшин (м)	[kuffín]
recipiente (m)	сосуд (м)	[sɔsúd]
pote (m)	горшок (м)	[gɔrʃók]
vaso (m)	ваза (ж)	[váza]

frasco (~ de perfume)	флакон (м)	[flakón]
frasquinho (ex. ~ de iodo)	пузырёк (м)	[puzirǿk]
tubo (~ de pasta dentífrica)	тюбик (м)	[tʲúbik]

saca (ex. ~ de açúcar)	мешок (м)	[meʃók]
saco (~ de plástico)	пакет (м)	[pakét]
maço (m)	пачка (ж)	[pátʃka]

caixa (~ de sapatos, etc.)	коробка (ж)	[kɔrópka]
caixa (~ de madeira)	ящик (м)	[jáʃik]
cesta (f)	корзина (ж)	[kɔrzína]

24. Materiais

material (m)	материал (м)	[materjál]
madeira (f)	дерево (c)	[dérevɔ]
de madeira	деревянный	[derevʲánnij]

| vidro (m) | стекло (c) | [steklό] |
| de vidro | стеклянный | [steklʲánnij] |

| pedra (f) | камень (м) | [kámenʲ] |
| de pedra | каменный | [kámennij] |

| plástico (m) | пластик (м) | [plástik] |
| de plástico | пластмассовый | [plastmásɔvij] |

| borracha (f) | резина (ж) | [rezína] |
| de borracha | резиновый | [rezínɔvij] |

| tecido, pano (m) | ткань (ж) | [tkánʲ] |
| de tecido | из ткани | [is tkáni] |

| papel (m) | бумага (ж) | [bumága] |
| de papel | бумажный | [bumáʒnij] |

cartão (m)	картон (м)	[kartón]
de cartão	картонный	[kartónnij]
polietileno (m)	полиэтилен (м)	[pɔliɛtilén]
celofane (m)	целлофан (м)	[tsɛlɔfán]

linóleo (m)	линолеум (м)	[linóleum]
contraplacado (m)	фанера (ж)	[fanéra]

porcelana (f)	фарфор (м)	[farfór]
de porcelana	фарфоровый	[farfórovij]
barro (f)	глина (ж)	[glína]
de barro	глиняный	[glínınij]
cerâmica (f)	керамика (ж)	[kerámika]
de cerâmica	керамический	[keramítʃeskij]

25. Metais

metal (m)	металл (м)	[metál]
metálico	металлический	[metalítʃeskij]
liga (f)	сплав (м)	[spláf]

ouro (m)	золото (c)	[zólɔtɔ]
de ouro	золотой	[zɔlɔtój]
prata (f)	серебро (c)	[serebró]
de prata	серебряный	[serébrınij]

ferro (m)	железо (c)	[ʒelézɔ]
de ferro	железный	[ʒeléznij]
aço (m)	сталь (ж)	[stálʲ]
de aço	стальной	[stalʲnój]
cobre (m)	медь (ж)	[métʲ]
de cobre	медный	[médnij]

alumínio (m)	алюминий (м)	[alʲumínij]
de alumínio	алюминиевый	[alʲumínievij]
bronze (m)	бронза (ж)	[brónza]
de bronze	бронзовый	[brónzɔvij]

latão (m)	латунь (ж)	[latúnʲ]
níquel (m)	никель (м)	[níkelʲ]
platina (f)	платина (ж)	[plátina]
mercúrio (m)	ртуть (ж)	[rtútʲ]
estanho (m)	олово (c)	[ólɔvɔ]
chumbo (m)	свинец (м)	[svinéts]
zinco (m)	цинк (м)	[tsīnk]

O SER HUMANO

O ser humano. O corpo

26. Humanos. Conceitos básicos

ser (m) humano	человек (м)	[ʧelɔvék]
homem (m)	мужчина (м)	[muʃína]
mulher (f)	женщина (ж)	[ʒǽnʃina]
criança (f)	ребёнок (м)	[rebǿnɔk]
menina (f)	девочка (ж)	[dévɔʧka]
menino (m)	мальчик (м)	[málʲʧik]
adolescente (m)	подросток (м)	[pɔdróstɔk]
velho (m)	старик (м)	[starík]
velha, anciã (f)	старая женщина (ж)	[stáraja ʒǽnʃina]

27. Anatomia humana

organismo (m)	организм (м)	[ɔrganízm]
coração (m)	сердце (с)	[sérʦe]
sangue (m)	кровь (ж)	[krófʲ]
artéria (f)	артерия (ж)	[artǽrija]
veia (f)	вена (ж)	[véna]
cérebro (m)	мозг (м)	[mósg]
nervo (m)	нерв (м)	[nérf]
nervos (m pl)	нервы (мн)	[nérvi]
vértebra (f)	позвонок (м)	[pɔzvɔnók]
coluna (f) vertebral	позвоночник (м)	[pɔzvɔnóʧnik]
estômago (m)	желудок (м)	[ʒelúdɔk]
intestinos (m pl)	кишечник (м)	[kiʃǽʧnik]
intestino (m)	кишка (ж)	[kiʃká]
fígado (m)	печень (ж)	[péʧenʲ]
rim (m)	почка (ж)	[póʧka]
osso (m)	кость (ж)	[kóstʲ]
esqueleto (m)	скелет (м)	[skelét]
costela (f)	ребро (с)	[rebró]
crânio (m)	череп (м)	[ʧérep]
músculo (m)	мышца (ж)	[mɨ̃ʦsa]
bíceps (m)	бицепс (м)	[bítsɛps]
tríceps (m)	трицепс (м)	[trítsɛps]
tendão (m)	сухожилие (с)	[suhɔʒĩlie]
articulação (f)	сустав (м)	[sustáf]

pulmões (m pl)	лёгкие (мн)	[lǿhkie]
órgãos (m pl) genitais	половые органы (мн)	[polovīe órgani]
pele (f)	кожа (ж)	[kóʒa]

28. Cabeça

cabeça (f)	голова (ж)	[golová]
cara (f)	лицо (с)	[litsó]
nariz (m)	нос (м)	[nós]
boca (f)	рот (м)	[rót]

olho (m)	глаз (м)	[glás]
olhos (m pl)	глаза (мн)	[glazá]
pupila (f)	зрачок (м)	[zratʃók]
sobrancelha (f)	бровь (ж)	[brófʲ]
pestana (f)	ресница (ж)	[resnítsa]
pálpebra (f)	веко (с)	[vékɔ]

língua (f)	язык (м)	[jɪzīk]
dente (m)	зуб (м)	[zúb]
lábios (m pl)	губы (мн)	[gúbi]
maçãs (f pl) do rosto	скулы (мн)	[skúli]
gengiva (f)	десна (ж)	[desná]
palato (m)	нёбо (с)	[nǿbɔ]

narinas (f pl)	ноздри (мн)	[nózdri]
queixo (m)	подбородок (м)	[podboródɔk]
mandíbula (f)	челюсть (ж)	[tʃélʲustʲ]
bochecha (f)	щека (ж)	[ʃʲeká]

testa (f)	лоб (м)	[lób]
têmpora (f)	висок (м)	[visók]
orelha (f)	ухо (с)	[úhɔ]
nuca (f)	затылок (м)	[zatīlɔk]
pescoço (m)	шея (ж)	[ʃǽja]
garganta (f)	горло (с)	[górlɔ]

cabelos (m pl)	волосы (мн)	[vólɔsi]
penteado (m)	причёска (ж)	[pritʃóska]
corte (m) de cabelo	стрижка (ж)	[stríʃka]
peruca (f)	парик (м)	[parík]

bigode (m)	усы (м мн)	[usī]
barba (f)	борода (ж)	[bɔrɔdá]
usar, ter (~ barba, etc.)	носить (нсв, пх)	[nɔsítʲ]
trança (f)	коса (ж)	[kɔsá]
suíças (f pl)	бакенбарды (мн)	[bakenbárdi]

ruivo	рыжий	[rīʒij]
grisalho	седой	[sedój]
calvo	лысый	[līsij]
calva (f)	лысина (ж)	[līsina]
rabo-de-cavalo (m)	хвост (м)	[hvóst]
franja (f)	чёлка (ж)	[tʃólka]

29. Corpo humano

| mão (f) | кисть (ж) | [kístʲ] |
| braço (m) | рука (ж) | [ruká] |

dedo (m)	палец (м)	[pálets]
polegar (m)	большой палец (м)	[bɔlʲʃój pálets]
dedo (m) mindinho	мизинец (м)	[mizínets]
unha (f)	ноготь (м)	[nógɔtʲ]

punho (m)	кулак (м)	[kulák]
palma (f) da mão	ладонь (ж)	[ladónʲ]
pulso (m)	запястье (с)	[zapʲástje]
antebraço (m)	предплечье (с)	[pretplétʃje]
cotovelo (m)	локоть (м)	[lókɔtʲ]
ombro (m)	плечо (с)	[pletʃó]

perna (f)	нога (ж)	[nɔgá]
pé (m)	ступня (ж)	[stupnʲá]
joelho (m)	колено (с)	[kɔlénɔ]
barriga (f) da perna	икра (ж)	[ikrá]
anca (f)	бедро (с)	[bedró]
calcanhar (m)	пятка (ж)	[pʲátka]

corpo (m)	тело (с)	[télɔ]
barriga (f)	живот (м)	[ʒivót]
peito (m)	грудь (ж)	[grútʲ]
seio (m)	грудь (ж)	[grútʲ]
lado (m)	бок (м)	[bók]
costas (f pl)	спина (ж)	[spiná]
região (f) lombar	поясница (ж)	[pɔjisnítsa]
cintura (f)	талия (ж)	[tálija]

umbigo (m)	пупок (м)	[pupók]
nádegas (f pl)	ягодицы (мн)	[jágɔditsi]
traseiro (m)	зад (м)	[zád]

sinal (m)	родинка (ж)	[ródinka]
sinal (m) de nascença	родимое пятно (с)	[rɔdímɔe pɪtnó]
tatuagem (f)	татуировка (ж)	[tatuirófka]
cicatriz (f)	шрам (м)	[ʃrám]

Vestuário & Acessórios

30. Roupa exterior. Casacos

roupa (f)	одежда (ж)	[ɔdéʒda]
roupa (f) exterior	верхняя одежда (ж)	[vérhnʲaja ɔdéʒda]
roupa (f) de inverno	зимняя одежда (ж)	[zímnʲaja ɔdéʒda]
sobretudo (m)	пальто (с)	[palʲtó]
casaco (m) de peles	шуба (ж)	[ʃúba]
casaco curto (m) de peles	полушубок (м)	[pɔluʃúbɔk]
casaco (m) acolchoado	пуховик (м)	[puhɔvík]
casaco, blusão (m)	куртка (ж)	[kúrtka]
impermeável (m)	плащ (м)	[pláʃ]
impermeável	непромокаемый	[neprɔmɔkáemij]

31. Vestuário de homem & mulher

camisa (f)	рубашка (ж)	[rubáʃka]
calças (f pl)	брюки (мн)	[brʲúki]
calças (f pl) de ganga	джинсы (мн)	[dʒīnsi]
casaco (m) de fato	пиджак (м)	[pidʒák]
fato (m)	костюм (м)	[kɔstʲúm]
vestido (ex. ~ vermelho)	платье (с)	[plátje]
saia (f)	юбка (ж)	[júpka]
blusa (f)	блузка (ж)	[blúska]
casaco (m) de malha	кофта (ж)	[kófta]
casaco, blazer (m)	жакет (м)	[ʒakét]
T-shirt, camiseta (f)	футболка (ж)	[futbólka]
calções (Bermudas, etc.)	шорты (мн)	[ʃórti]
fato (m) de treino	спортивный костюм (м)	[spɔrtívnij kɔstʲúm]
roupão (m) de banho	халат (м)	[halát]
pijama (m)	пижама (ж)	[piʒáma]
suéter (m)	свитер (м)	[svítɛr]
pulôver (m)	пуловер (м)	[pulóver]
colete (m)	жилет (м)	[ʒɨlét]
fraque (m)	фрак (м)	[frák]
smoking (m)	смокинг (м)	[smóking]
uniforme (m)	форма (ж)	[fórma]
roupa (f) de trabalho	рабочая одежда (ж)	[rabótʃaja ɔdéʒda]
fato-macaco (m)	комбинезон (м)	[kɔmbinezón]
bata (~ branca, etc.)	халат (м)	[halát]

32. Vestuário. Roupa interior

roupa (f) interior	бельё (c)	[beljǿ]
cuecas boxer (f pl)	трусы (м)	[trusî]
cuecas (f pl)	бельё (c)	[beljǿ]
camisola (f) interior	майка (ж)	[májka]
peúgas (f pl)	носки (мн)	[nɔskí]
camisa (f) de noite	ночная рубашка (ж)	[nɔʧnája rubáʃka]
sutiã (m)	бюстгальтер (м)	[bʲusgálʲter]
meias longas (f pl)	гольфы (мн)	[gólʲfi]
meia-calça (f)	колготки (мн)	[kɔlgótki]
meias (f pl)	чулки (мн)	[ʧʲulkí]
fato (m) de banho	купальник (м)	[kupálʲnik]

33. Adereços de cabeça

chapéu (m)	шапка (ж)	[ʃápka]
chapéu (m) de feltro	шляпа (ж)	[ʃlʲápa]
boné (m) de beisebol	бейсболка (ж)	[bejzbólka]
boné (m)	кепка (ж)	[képka]
boina (f)	берет (м)	[berét]
capuz (m)	капюшон (м)	[kapʲuʃón]
panamá (m)	панамка (ж)	[panámka]
gorro (m) de malha	вязаная шапочка (ж)	[vʲázanaja ʃápɔʧka]
lenço (m)	платок (м)	[platók]
chapéu (m) de mulher	шляпка (ж)	[ʃlʲápka]
capacete (m) de proteção	каска (ж)	[káska]
bibico (m)	пилотка (ж)	[pilótka]
capacete (m)	шлем (м)	[ʃlém]
chapéu-coco (m)	котелок (м)	[kɔtelók]
chapéu (m) alto	цилиндр (м)	[ʦilíndr]

34. Calçado

calçado (m)	обувь (ж)	[óbufʲ]
botinas (f pl)	ботинки (мн)	[bɔtínki]
sapatos (de salto alto, etc.)	туфли (мн)	[túfli]
botas (f pl)	сапоги (мн)	[sapɔgí]
pantufas (f pl)	тапочки (мн)	[tápɔʧki]
ténis (m pl)	кроссовки (мн)	[krɔsófki]
sapatilhas (f pl)	кеды (мн)	[kédi]
sandálias (f pl)	сандалии (мн)	[sandálii]
sapateiro (m)	сапожник (м)	[sapóʒnik]
salto (m)	каблук (м)	[kablúk]

par (m)	пара (ж)	[pára]
atacador (m)	шнурок (м)	[ʃnurók]
apertar os atacadores	шнуровать (нсв, пх)	[ʃnurovátʲ]
calçadeira (f)	рожок (м)	[rɔʒók]
graxa (f) para calçado	крем (м) для обуви	[krém dlʲa óbuvi]

35. Têxtil. Tecidos

algodão (m)	хлопок (м)	[hlópɔk]
de algodão	из хлопка	[is hlópka]
linho (m)	лён (м)	[lʲøn]
de linho	из льна	[iz lʲná]

seda (f)	шёлк (м)	[ʃólk]
de seda	шёлковый	[ʃólkɔvij]
lã (f)	шерсть (ж)	[ʃǽrstʲ]
de lã	шерстяной	[ʃɛrstɪnój]

veludo (m)	бархат (м)	[bárhat]
camurça (f)	замша (ж)	[zámʃa]
bombazina (f)	вельвет (м)	[velʲvét]

náilon (m)	нейлон (м)	[nejlón]
de náilon	из нейлона	[iz nejlóna]
poliéster (m)	полиэстер (м)	[pɔliǽstɛr]
de poliéster	полиэстровый	[pɔliǽstrɔvij]

couro (m)	кожа (ж)	[kóʒa]
de couro	из кожи	[is kóʒi]
pele (f)	мех (м)	[méh]
de peles, de pele	меховой	[mehɔvój]

36. Acessórios pessoais

luvas (f pl)	перчатки (ж мн)	[pertʃátki]
mitenes (f pl)	варежки (ж мн)	[váreʃki]
cachecol (m)	шарф (м)	[ʃárf]

óculos (m pl)	очки (мн)	[ɔtʃkí]
armação (f) de óculos	оправа (ж)	[ɔpráva]
guarda-chuva (m)	зонт (м)	[zónt]
bengala (f)	трость (ж)	[tróstʲ]
escova (f) para o cabelo	щётка (ж) для волос	[ʃʲǿtka dlʲa vɔlós]
leque (m)	веер (м)	[véer]

gravata (f)	галстук (м)	[gálstuk]
gravata-borboleta (f)	галстук-бабочка (м)	[gálstuk-bábɔtʃka]
suspensórios (m pl)	подтяжки (мн)	[pɔttʲáʃki]
lenço (m)	носовой платок (м)	[nɔsɔvój platók]

| pente (m) | расчёска (ж) | [raʃǿska] |
| travessão (m) | заколка (ж) | [zakólka] |

| gancho (m) de cabelo | шпилька (ж) | [ʃpílʲka] |
| fivela (f) | пряжка (ж) | [prʲáʃka] |

| cinto (m) | пояс (м) | [pójas] |
| correia (f) | ремень (м) | [reménʲ] |

mala (f)	сумка (ж)	[súmka]
mala (f) de senhora	сумочка (ж)	[súmɔʧka]
mochila (f)	рюкзак (м)	[rʲukzák]

37. Vestuário. Diversos

moda (f)	мода (ж)	[móda]
na moda	модный	[módnij]
estilista (m)	модельер (м)	[mɔdɛljér]

colarinho (m), gola (f)	воротник (м)	[vɔrɔtník]
bolso (m)	карман (м)	[karmán]
de bolso	карманный	[karmánnij]
manga (f)	рукав (м)	[rukáf]
alcinha (f)	вешалка (ж)	[véʃəlka]
braguilha (f)	ширинка (ж)	[ʃirínka]

fecho (m) de correr	молния (ж)	[mólnija]
fecho (m), colchete (m)	застёжка (ж)	[zastǿʃka]
botão (m)	пуговица (ж)	[púgɔviʦa]
casa (f) de botão	петля (ж)	[petlʲá]
soltar-se (vr)	оторваться (св, возв)	[ɔtɔrváʦa]

coser, costurar (vi)	шить (нсв, н/пх)	[ʃítʲ]
bordar (vt)	вышивать (нсв, н/пх)	[viʃivátʲ]
bordado (m)	вышивка (ж)	[vīʃifka]
agulha (f)	иголка (ж)	[igólka]
fio (m)	нитка (ж)	[nítka]
costura (f)	шов (м)	[ʃóf]

sujar-se (vr)	испачкаться (св, возв)	[ispáʧkaʦa]
mancha (f)	пятно (с)	[pɪtnó]
engelhar-se (vr)	помяться (нсв, возв)	[pomʲáʦa]
rasgar (vt)	порвать (св, пх)	[pɔrvátʲ]
traça (f)	моль (м)	[mólʲ]

38. Cuidados pessoais. Cosméticos

pasta (f) de dentes	зубная паста (ж)	[zubnája pásta]
escova (f) de dentes	зубная щётка (ж)	[zubnája ʃǿtka]
escovar os dentes	чистить зубы	[ʧístitʲ zúbi]

máquina (f) de barbear	бритва (ж)	[brítva]
creme (m) de barbear	крем (м) для бритья	[krém dlʲa britjá]
barbear-se (vr)	бриться (нсв, возв)	[brítsa]
sabonete (m)	мыло (с)	[mīlɔ]

champô (m)	шампунь (м)	[ʃampúnʲ]
tesoura (f)	ножницы (мн)	[nóʒnitsɨ]
lima (f) de unhas	пилочка (ж) для ногтей	[pílotʃka dlʲa nɔktéj]
corta-unhas (m)	щипчики (мн)	[ʃʲíptʃiki]
pinça (f)	пинцет (м)	[pintsǽt]

cosméticos (m pl)	косметика (ж)	[kɔsmétika]
máscara (f) facial	маска (ж)	[máska]
manicura (f)	маникюр (м)	[manikʲúr]
fazer a manicura	делать маникюр	[délatʲ manikʲúr]
pedicure (f)	педикюр (м)	[pedikʲúr]

mala (f) de maquilhagem	косметичка (ж)	[kɔsmetítʃka]
pó (m)	пудра (ж)	[púdra]
caixa (f) de pó	пудреница (ж)	[púdrenitsa]
blush (m)	румяна (ж)	[rumʲána]

perfume (m)	духи (мн)	[duhí]
água (f) de toilette	туалетная вода (ж)	[tualétnaja vɔdá]
loção (f)	лосьон (м)	[lɔsjón]
água-de-colónia (f)	одеколон (м)	[ɔdekɔlón]

sombra (f) de olhos	тени (мн) для век	[téni dlʲa vék]
lápis (m) delineador	карандаш (м) для глаз	[karandáʃ dlʲa glás]
máscara (f), rímel (m)	тушь (ж)	[túʃ]

batom (m)	губная помада (ж)	[gubnája pɔmáda]
verniz (m) de unhas	лак (м) для ногтей	[lák dlʲa nɔktéj]
laca (f) para cabelos	лак (м) для волос	[lák dlʲa vɔlós]
desodorizante (m)	дезодорант (м)	[dezɔdɔránt]

creme (m)	крем (м)	[krém]
creme (m) de rosto	крем (м) для лица	[krém dlʲa litsá]
creme (m) de mãos	крем (м) для рук	[krém dlʲa rúk]
creme (m) antirrugas	крем (м) против морщин	[krém prótif mɔrʃín]
creme (m) de dia	дневной крем (м)	[dnevnój krém]
creme (m) de noite	ночной крем (м)	[nɔtʃnój krém]
de dia	дневной	[dnevnój]
da noite	ночной	[nɔtʃnój]

tampão (m)	тампон (м)	[tampón]
papel (m) higiénico	туалетная бумага (ж)	[tualétnaja bumága]
secador (m) elétrico	фен (м)	[fén]

39. Joalheria

joias (f pl)	драгоценности (мн)	[dragɔtsǽnnɔsti]
precioso	драгоценный	[dragɔtsǽnnij]
marca (f) de contraste	проба (ж)	[próba]

anel (m)	кольцо (с)	[kɔlʲtsó]
aliança (f)	обручальное кольцо (с)	[ɔbrutʃálʲnɔe kɔlʲtsó]
pulseira (f)	браслет (м)	[braslét]
brincos (m pl)	серьги (мн)	[sérʲgi]

colar (m)	ожерелье (c)	[ɔʒerélje]
coroa (f)	корона (ж)	[kɔróna]
colar (m) de contas	бусы (мн)	[búsi]

diamante (m)	бриллиант (м)	[briljánt]
esmeralda (f)	изумруд (м)	[izumrúd]
rubi (m)	рубин (м)	[rubín]
safira (f)	сапфир (м)	[sapfír]
pérola (f)	жемчуг (м)	[ʒǽmtʃʲug]
âmbar (m)	янтарь (м)	[jɪntárʲ]

40. Relógios de pulso. Relógios

relógio (m) de pulso	часы (мн)	[tʃasɨ̃]
mostrador (m)	циферблат (м)	[tsiferblát]
ponteiro (m)	стрелка (ж)	[strélka]
bracelete (f) em aço	браслет (м)	[braslét]
bracelete (f) em couro	ремешок (м)	[remeʃók]

pilha (f)	батарейка (ж)	[bataréjka]
descarregar-se	сесть (св, нпх)	[séstʲ]
trocar a pilha	поменять батарейку	[pɔmenʲátʲ bataréjku]
estar adiantado	спешить (нсв, нпх)	[speʃítʲ]
estar atrasado	отставать (нсв, нпх)	[ɔtstavátʲ]

relógio (m) de parede	настенные часы (мн)	[nasténnɪe tʃasɨ̃]
ampulheta (f)	песочные часы (мн)	[pesótʃnɪe tʃasɨ̃]
relógio (m) de sol	солнечные часы (мн)	[sólnetʃnɪe tʃasɨ̃]
despertador (m)	будильник (м)	[budílʲnik]
relojoeiro (m)	часовщик (м)	[tʃasɔfʃʲík]
reparar (vt)	ремонтировать (нсв, пх)	[remɔntírɔvatʲ]

Alimentação. Nutrição

41. Comida

carne (f)	мясо (c)	[m'ásɔ]
galinha (f)	курица (ж)	[kúritsa]
frango (m)	цыплёнок (м)	[tsiplǿnɔk]
pato (m)	утка (ж)	[útka]
ganso (m)	гусь (м)	[gúsʲ]
caça (f)	дичь (ж)	[dítʃʲ]
peru (m)	индейка (ж)	[indéjka]
carne (f) de porco	свинина (ж)	[svinína]
carne (f) de vitela	телятина (ж)	[telʲátina]
carne (f) de carneiro	баранина (ж)	[baránina]
carne (f) de vaca	говядина (ж)	[gɔvʲádina]
carne (f) de coelho	кролик (м)	[królik]
chouriço, salsichão (m)	колбаса (ж)	[kɔlbasá]
salsicha (f)	сосиска (ж)	[sɔsíska]
bacon (m)	бекон (м)	[bekón]
fiambre (f)	ветчина (ж)	[vettʃiná]
presunto (m)	окорок (м)	[ókɔrɔk]
patê (m)	паштет (м)	[paʃtét]
fígado (m)	печень (ж)	[pétʃenʲ]
carne (f) moída	фарш (м)	[fárʃ]
língua (f)	язык (м)	[jɪzīk]
ovo (m)	яйцо (c)	[jijtsó]
ovos (m pl)	яйца (мн)	[jájtsa]
clara (f) do ovo	белок (м)	[belók]
gema (f) do ovo	желток (м)	[ʒeltók]
peixe (m)	рыба (ж)	[rība]
mariscos (m pl)	морепродукты (мн)	[mɔre·prɔdúkti]
crustáceos (m pl)	ракообразные (мн)	[rakɔɔbráznie]
caviar (m)	икра (ж)	[ikrá]
caranguejo (m)	краб (м)	[kráb]
camarão (m)	креветка (ж)	[krevétka]
ostra (f)	устрица (ж)	[ústritsa]
lagosta (f)	лангуст (м)	[langúst]
polvo (m)	осьминог (м)	[ɔsʲminóg]
lula (f)	кальмар (м)	[kalʲmár]
esturjão (m)	осетрина (ж)	[ɔsetrína]
salmão (m)	лосось (м)	[lɔsósʲ]
halibute (m)	палтус (м)	[páltus]
bacalhau (m)	треска (ж)	[treská]

cavala, sarda (f)	скумбрия (ж)	[skúmbrija]
atum (m)	тунец (м)	[tunéts]
enguia (f)	угорь (м)	[úgorʲ]
truta (f)	форель (ж)	[forǽlʲ]
sardinha (f)	сардина (ж)	[sardína]
lúcio (m)	щука (ж)	[ʃúka]
arenque (m)	сельдь (ж)	[sélʲtʲ]
pão (m)	хлеб (м)	[hléb]
queijo (m)	сыр (м)	[sïr]
açúcar (m)	сахар (м)	[sáhar]
sal (m)	соль (ж)	[sólʲ]
arroz (m)	рис (м)	[rís]
massas (f pl)	макароны (мн)	[makaróni]
talharim (m)	лапша (ж)	[lapʃá]
manteiga (f)	сливочное масло (с)	[slívotʃnoe máslo]
óleo (m) vegetal	растительное масло (с)	[rastítelʲnoe máslo]
óleo (m) de girassol	подсолнечное масло (с)	[potsólnetʃnoe máslo]
margarina (f)	маргарин (м)	[margarín]
azeitonas (f pl)	оливки (мн)	[olífki]
azeite (m)	оливковое масло (с)	[olífkovoe máslo]
leite (m)	молоко (с)	[molokó]
leite (m) condensado	сгущённое молоко (с)	[sguʃǿnoe molokó]
iogurte (m)	йогурт (м)	[jógurt]
nata (f) azeda	сметана (ж)	[smetána]
nata (f) do leite	сливки (мн)	[slífki]
maionese (f)	майонез (м)	[majinǽs]
creme (m)	крем (м)	[krém]
grãos (m pl) de cereais	крупа (ж)	[krupá]
farinha (f)	мука (ж)	[muká]
enlatados (m pl)	консервы (мн)	[konsérvi]
flocos (m pl) de milho	кукурузные хлопья (мн)	[kukurúznie hlópja]
mel (m)	мёд (м)	[mǿd]
doce (m)	джем, конфитюр (м)	[dʒǽm], [konfitʲúr]
pastilha (f) elástica	жевательная резинка (м)	[ʒevátelʲnaja rezínka]

42. Bebidas

água (f)	вода (ж)	[vodá]
água (f) potável	питьевая вода (ж)	[pitjevája vodá]
água (f) mineral	минеральная вода (ж)	[minerálʲnaja vodá]
sem gás	без газа	[bez gáza]
gaseificada	газированная	[gazíróvanaja]
com gás	с газом	[s gázom]
gelo (m)	лёд (м)	[lǿd]

com gelo	со льдом	[so lʲdóm]
sem álcool	безалкогольный	[bezalkogólʲnij]
bebida (f) sem álcool	безалкогольный напиток (м)	[bezalkogólʲnij napítɔk]
refresco (m)	прохладительный напиток (м)	[prɔhladítelʲnij napítɔk]
limonada (f)	лимонад (м)	[limɔnád]

bebidas (f pl) alcoólicas	алкогольные напитки (мн)	[alkɔgólʲnie napítki]
vinho (m)	вино (c)	[vinó]
vinho (m) branco	белое вино (c)	[bélɔe vinó]
vinho (m) tinto	красное вино (c)	[krásnɔe vinó]

licor (m)	ликёр (м)	[likǿr]
champanhe (m)	шампанское (c)	[ʃampánskɔe]
vermute (m)	вермут (м)	[vérmut]

uísque (m)	виски (c)	[víski]
vodka (f)	водка (ж)	[vótka]
gim (m)	джин (м)	[dʒīn]
conhaque (m)	коньяк (м)	[kɔnják]
rum (m)	ром (м)	[róm]

café (m)	кофе (м)	[kófe]
café (m) puro	чёрный кофе (м)	[tʃórnij kófe]
café (m) com leite	кофе (м) с молоком	[kófe s mɔlɔkóm]
cappuccino (m)	кофе (м) со сливками	[kófe sɔ slífkami]
café (m) solúvel	растворимый кофе (м)	[rastvɔrímij kófe]

leite (m)	молоко (c)	[mɔlɔkó]
coquetel (m)	коктейль (м)	[kɔktǽjlʲ]
batido (m) de leite	молочный коктейль (м)	[mɔlótʃnij kɔktǽjlʲ]

sumo (m)	сок (м)	[sók]
sumo (m) de tomate	томатный сок (м)	[tɔmátnij sók]
sumo (m) de laranja	апельсиновый сок (м)	[apelʲsínovij sók]
sumo (m) fresco	свежевыжатый сок (м)	[sveʒe·vīʒatij sók]

cerveja (f)	пиво (c)	[pívɔ]
cerveja (f) clara	светлое пиво (c)	[svétlɔe pívɔ]
cerveja (f) preta	тёмное пиво (c)	[tǿmnɔe pívɔ]

chá (m)	чай (м)	[tʃáj]
chá (m) preto	чёрный чай (м)	[tʃórnij tʃáj]
chá (m) verde	зелёный чай (м)	[zelǿnij tʃáj]

43. Vegetais

| legumes (m pl) | овощи (м мн) | [óvɔʃi] |
| verduras (f pl) | зелень (ж) | [zélenʲ] |

tomate (m)	помидор (м)	[pɔmidór]
pepino (m)	огурец (м)	[ɔguréts]
cenoura (f)	морковь (ж)	[mɔrkófʲ]

batata (f)	картофель (м)	[kartófelʲ]
cebola (f)	лук (м)	[lúk]
alho (m)	чеснок (м)	[ʧesnók]

couve (f)	капуста (ж)	[kapústa]
couve-flor (f)	цветная капуста (ж)	[tsvetnája kapústa]
couve-de-bruxelas (f)	брюссельская капуста (ж)	[brʲusélʲskaja kapústa]
brócolos (m pl)	капуста брокколи (ж)	[kapústa brókɔli]

beterraba (f)	свёкла (ж)	[svǿkla]
beringela (f)	баклажан (м)	[baklaʒán]
curgete (f)	кабачок (м)	[kabaʧók]
abóbora (f)	тыква (ж)	[tǐkva]
nabo (m)	репа (ж)	[répa]

salsa (f)	петрушка (ж)	[petrúʃka]
funcho, endro (m)	укроп (м)	[ukróp]
alface (f)	салат (м)	[salát]
aipo (m)	сельдерей (м)	[selʲderéj]
espargo (m)	спаржа (ж)	[spárʒa]
espinafre (m)	шпинат (м)	[ʃpinát]

ervilha (f)	горох (м)	[gɔróh]
fava (f)	бобы (мн)	[bɔbǐ]
milho (m)	кукуруза (ж)	[kukurúza]
feijão (m)	фасоль (ж)	[fasólʲ]

pimentão (m)	перец (м)	[péreʦ]
rabanete (m)	редис (м)	[redís]
alcachofra (f)	артишок (м)	[artiʃók]

44. Frutos. Nozes

fruta (f)	фрукт (м)	[frúkt]
maçã (f)	яблоко (c)	[jáblɔkɔ]
pera (f)	груша (ж)	[grúʃa]
limão (m)	лимон (м)	[limón]
laranja (f)	апельсин (м)	[apelʲsín]
morango (m)	клубника (ж)	[klubníka]

tangerina (f)	мандарин (м)	[mandarín]
ameixa (f)	слива (ж)	[slíva]
pêssego (m)	персик (м)	[pérsik]
damasco (m)	абрикос (м)	[abrikós]
framboesa (f)	малина (ж)	[malína]
ananás (m)	ананас (м)	[ananás]

banana (f)	банан (м)	[banán]
melancia (f)	арбуз (м)	[arbús]
uva (f)	виноград (м)	[vinɔgrád]
ginja (f)	вишня (ж)	[víʃnʲa]
cereja (f)	черешня (ж)	[ʧeréʃnʲa]
meloa (f)	дыня (ж)	[dǐnʲa]
toranja (f)	грейпфрут (м)	[gréjpfrut]

abacate (m)	авокадо (c)	[avɔkádɔ]
papaia (f)	папайя (ж)	[papája]
manga (f)	манго (c)	[mángɔ]
romã (f)	гранат (м)	[granát]

groselha (f) vermelha	красная смородина (ж)	[krásnaja smɔródina]
groselha (f) preta	чёрная смородина (ж)	[ʧórnaja smɔródina]
groselha (f) espinhosa	крыжовник (м)	[kriʒóvnik]
mirtilo (m)	черника (ж)	[ʧerníka]
amora silvestre (f)	ежевика (ж)	[eʒevíka]

uvas (f pl) passas	изюм (м)	[izʲúm]
figo (m)	инжир (м)	[inʒĭr]
tâmara (f)	финик (м)	[fínik]

amendoim (m)	арахис (м)	[aráhis]
amêndoa (f)	миндаль (м)	[mindálʲ]
noz (f)	грецкий орех (м)	[grétskij ɔréh]
avelã (f)	лесной орех (м)	[lesnój ɔréh]
coco (m)	кокосовый орех (м)	[kɔkósɔvij ɔréh]
pistáchios (m pl)	фисташки (мн)	[fistáʃki]

45. Pão. Bolaria

pastelaria (f)	кондитерские изделия (мн)	[kɔndíterskie izdélija]
pão (m)	хлеб (м)	[hléb]
bolacha (f)	печенье (c)	[peʧénje]

chocolate (m)	шоколад (м)	[ʃɔkɔlád]
de chocolate	шоколадный	[ʃɔkɔládnij]
rebuçado (m)	конфета (ж)	[kɔnféta]
bolo (cupcake, etc.)	пирожное (c)	[piróʒnɔe]
bolo (m) de aniversário	торт (м)	[tórt]

tarte (~ de maçã)	пирог (м)	[piróg]
recheio (m)	начинка (ж)	[naʧínka]

doce (m)	варенье (c)	[varénje]
geleia (f) de frutas	мармелад (м)	[marmelád]
waffle (m)	вафли (мн)	[váfli]
gelado (m)	мороженое (c)	[mɔróʒenɔe]
pudim (m)	пудинг (м)	[púding]

46. Pratos cozinhados

prato (m)	блюдо (c)	[blʲúdɔ]
cozinha (~ portuguesa)	кухня (ж)	[kúhnʲa]
receita (f)	рецепт (м)	[retsæpt]
porção (f)	порция (ж)	[pórtsija]

salada (f)	салат (м)	[salát]
sopa (f)	суп (м)	[súp]

caldo (m)	бульон (м)	[buljón]
sandes (f)	бутерброд (м)	[buterbród]
ovos (m pl) estrelados	яичница (ж)	[iíʃnitsa]

| hambúrguer (m) | гамбургер (м) | [gámburger] |
| bife (m) | бифштекс (м) | [bifʃtǽks] |

conduto (m)	гарнир (м)	[garnír]
espaguete (m)	спагетти (мн)	[spagéti]
puré (m) de batata	картофельное пюре (c)	[kartófelʲnɔe pʲuré]
pizza (f)	пицца (ж)	[pítsa]
papa (f)	каша (ж)	[káʃa]
omelete (f)	омлет (м)	[ɔmlét]

cozido em água	варёный	[varǿnij]
fumado	копчёный	[kɔptʃónij]
frito	жареный	[ʒárenij]
seco	сушёный	[suʃónij]
congelado	замороженный	[zamɔrɔ́ʒenij]
em conserva	маринованный	[marinóvanij]

doce (açucarado)	сладкий	[slátkij]
salgado	солёный	[sɔlǿnij]
frio	холодный	[hɔlódnij]
quente	горячий	[gɔrʲátʃij]
amargo	горький	[górʲkij]
gostoso	вкусный	[fkúsnij]

cozinhar (em água a ferver)	варить (нсв, пх)	[varítʲ]
fazer, preparar (vt)	готовить (нсв, пх)	[gotóvitʲ]
fritar (vt)	жарить (нсв, пх)	[ʒáritʲ]
aquecer (vt)	разогревать (нсв, пх)	[razɔgrevátʲ]

salgar (vt)	солить (нсв, пх)	[sɔlítʲ]
apimentar (vt)	перчить (нсв, пх)	[pértʃitʲ], [pertʃítʲ]
ralar (vt)	тереть (нсв, пх)	[terétʲ]
casca (f)	кожура (ж)	[kɔʒurá]
descascar (vt)	чистить (нсв, пх)	[tʃístitʲ]

47. Especiarias

sal (m)	соль (ж)	[sólʲ]
salgado	солёный	[sɔlǿnij]
salgar (vt)	солить (нсв, пх)	[sɔlítʲ]

pimenta (f) preta	чёрный перец (м)	[tʃórnij pérets]
pimenta (f) vermelha	красный перец (м)	[krásnij pérets]
mostarda (f)	горчица (ж)	[gɔrtʃítsa]
raiz-forte (f)	хрен (м)	[hrén]

condimento (m)	приправа (ж)	[pripráva]
especiaria (f)	пряность (ж)	[prʲánɔstʲ]
molho (m)	соус (м)	[sóus]
vinagre (m)	уксус (м)	[úksus]

anis (m)	анис (м)	[anís]
manjericão (m)	базилик (м)	[bazilík]
cravo (m)	гвоздика (ж)	[gvɔzdíka]
gengibre (m)	имбирь (м)	[imbírʲ]
coentro (m)	кориандр (м)	[kɔriándr]
canela (f)	корица (ж)	[kɔrítsa]

sésamo (m)	кунжут (м)	[kunʒút]
folhas (f pl) de louro	лавровый лист (м)	[lavróvij líst]
páprica (f)	паприка (ж)	[páprika]
cominho (m)	тмин (м)	[tmín]
açafrão (m)	шафран (м)	[ʃafrán]

48. Refeições

comida (f)	еда (ж)	[edá]
comer (vt)	есть (нсв, н/пх)	[éstʲ]

pequeno-almoço (m)	завтрак (м)	[záftrak]
tomar o pequeno-almoço	завтракать (нсв, нпх)	[záftrakatʲ]
almoço (m)	обед (м)	[ɔbéd]
almoçar (vi)	обедать (нсв, нпх)	[ɔbédatʲ]
jantar (m)	ужин (м)	[úʒin]
jantar (vi)	ужинать (нсв, нпх)	[úʒinatʲ]

apetite (m)	аппетит (м)	[apetít]
Bom apetite!	Приятного аппетита!	[prijátnɔvɔ apetíta]

abrir (~ uma lata, etc.)	открывать (нсв, пх)	[ɔtkrivátʲ]
derramar (vt)	пролить (св, пх)	[prɔlítʲ]
derramar-se (vr)	пролиться (св, возв)	[prɔlítsa]

ferver (vi)	кипеть (нсв, нпх)	[kipétʲ]
ferver (vt)	кипятить (нсв, пх)	[kipɪtítʲ]
fervido	кипячёный	[kipɪtʃónij]
arrefecer (vt)	охладить (св, пх)	[ɔhladítʲ]
arrefecer-se (vr)	охлаждаться (нсв, возв)	[ɔhlaʒdátsa]

sabor, gosto (m)	вкус (м)	[fkús]
gostinho (m)	привкус (м)	[prífkus]

fazer dieta	худеть (нсв, нпх)	[hudétʲ]
dieta (f)	диета (ж)	[diéta]
vitamina (f)	витамин (м)	[vitamín]
caloria (f)	калория (ж)	[kalórija]
vegetariano (m)	вегетарианец (м)	[vegetariánets]
vegetariano	вегетарианский	[vegetariánskij]

gorduras (f pl)	жиры (мн)	[ʒirí]
proteínas (f pl)	белки (мн)	[belkí]
carboidratos (m pl)	углеводы (мн)	[uglevódɨ]
fatia (~ de limão, etc.)	ломтик (м)	[lómtik]
pedaço (~ de bolo)	кусок (м)	[kusók]
migalha (f)	крошка (ж)	[króʃka]

49. Por a mesa

colher (f)	ложка (ж)	[lóʃka]
faca (f)	нож (м)	[nóʃ]
garfo (m)	вилка (ж)	[vílka]
chávena (f)	чашка (ж)	[ʧáʃka]
prato (m)	тарелка (ж)	[tarélka]
pires (m)	блюдце (с)	[blʲúʦe]
guardanapo (m)	салфетка (ж)	[salfétka]
palito (m)	зубочистка (ж)	[zubɔʧístka]

50. Restaurante

restaurante (m)	ресторан (м)	[restɔrán]
café (m)	кофейня (ж)	[kɔféjnʲa]
bar (m), cervejaria (f)	бар (м)	[bár]
salão (m) de chá	чайный салон (м)	[ʧájnʲij salón]
empregado (m) de mesa	официант (м)	[ɔfiʦiánt]
empregada (f) de mesa	официантка (ж)	[ɔfiʦiántka]
barman (m)	бармен (м)	[bármɛn]
ementa (f)	меню (с)	[menʲú]
lista (f) de vinhos	карта (ж) вин	[kárta vín]
reservar uma mesa	забронировать столик	[zabrɔnírɔvatʲ stólik]
prato (m)	блюдо (с)	[blʲúdɔ]
pedir (vt)	заказать (св, пх)	[zakazátʲ]
fazer o pedido	сделать заказ	[zdélatʲ zakás]
aperitivo (m)	аперитив (м)	[aperitíf]
entrada (f)	закуска (ж)	[zakúska]
sobremesa (f)	десерт (м)	[desért]
conta (f)	счёт (м)	[ʃǿt]
pagar a conta	оплатить счёт	[ɔplatítʲ ʃǿt]
dar o troco	дать сдачу	[dátʲ zdáʧu]
gorjeta (f)	чаевые (мн)	[ʧaevīe]

Família, parentes e amigos

51. Informação pessoal. Formulários

nome (m)	имя (c)	[ímʲa]
apelido (m)	фамилия (ж)	[famílija]
data (f) de nascimento	дата (ж) рождения	[dáta rɔʒdénija]
local (m) de nascimento	место (c) рождения	[méstɔ rɔʒdénija]
nacionalidade (f)	национальность (ж)	[natsiɔnálʲnɔstʲ]
lugar (m) de residência	место (c) жительства	[méstɔ ʒītelʲstva]
país (m)	страна (ж)	[straná]
profissão (f)	профессия (ж)	[prɔfésija]
sexo (m)	пол (m)	[pól]
estatura (f)	рост (m)	[róst]
peso (m)	вес (m)	[vés]

52. Membros da família. Parentes

mãe (f)	мать (ж)	[mátʲ]
pai (m)	отец (m)	[ɔtéts]
filho (m)	сын (m)	[sīn]
filha (f)	дочь (ж)	[dótʃʲ]
filha (f) mais nova	младшая дочь (ж)	[mládʃaja dótʃʲ]
filho (m) mais novo	младший сын (m)	[mládʃij sīn]
filha (f) mais velha	старшая дочь (ж)	[stárʃaja dótʃʲ]
filho (m) mais velho	старший сын (m)	[stárʃij sīn]
irmão (m)	брат (m)	[brát]
irmã (f)	сестра (ж)	[sestrá]
primo (m)	двоюродный брат (m)	[dvɔjúrɔdnij brát]
prima (f)	двоюродная сестра (ж)	[dvɔjúrɔdnaja sestrá]
mamã (f)	мама (ж)	[máma]
papá (m)	папа (m)	[pápa]
pais (pl)	родители (мн)	[rɔdíteli]
criança (f)	ребёнок (m)	[rebǿnɔk]
crianças (f pl)	дети (мн)	[déti]
avó (f)	бабушка (ж)	[bábuʃka]
avô (m)	дедушка (m)	[déduʃka]
neto (m)	внук (m)	[vnúk]
neta (f)	внучка (ж)	[vnútʃka]
netos (pl)	внуки (мн)	[vnúki]
tio (m)	дядя (m)	[dʲádʲa]
tia (f)	тётя (ж)	[tǿtʲa]

sobrinho (m)	племянник (м)	[plemʲánik]
sobrinha (f)	племянница (ж)	[plemʲánitsa]

sogra (f)	тёща (ж)	[tǿʃa]
sogro (m)	свёкор (м)	[svǿkɔr]
genro (m)	зять (м)	[zʲátʲ]
madrasta (f)	мачеха (ж)	[mátʃeha]
padrasto (m)	отчим (м)	[óttʃim]

criança (f) de colo	грудной ребёнок (м)	[grudnój rebǿnɔk]
bebé (m)	младенец (м)	[mladénets]
menino (m)	малыш (м)	[malíʃ]

mulher (f)	жена (ж)	[ʒená]
marido (m)	муж (м)	[múʃ]
esposo (m)	супруг (м)	[suprúg]
esposa (f)	супруга (ж)	[suprúga]

casado	женатый	[ʒenátij]
casada	замужняя	[zamúʒnʲaja]
solteiro	холостой	[hɔlɔstój]
solteirão (m)	холостяк (м)	[hɔlɔstʲák]
divorciado	разведённый	[razvedǿnnij]
viúva (f)	вдова (ж)	[vdɔvá]
viúvo (m)	вдовец (м)	[vdɔvéts]

parente (m)	родственник (м)	[rótstvenik]
parente (m) próximo	близкий родственник (м)	[blískij rótstvenik]
parente (m) distante	дальний родственник (м)	[dálʲnij rótstvenik]
parentes (m pl)	родные (мн)	[rɔdnī̆je]

órfão (m)	сирота (м)	[sirɔtá]
órfã (f)	сирота (ж)	[sirɔtá]
tutor (m)	опекун (м)	[ɔpekún]
adotar (um filho)	усыновить (св, пх)	[usinɔvítʲ]
adotar (uma filha)	удочерить (св, пх)	[udɔtʃerítʲ]

53. Amigos. Colegas de trabalho

amigo (m)	друг (м)	[drúg]
amiga (f)	подруга (ж)	[pɔdrúga]
amizade (f)	дружба (ж)	[drúʒba]
ser amigos	дружить (нсв, нпх)	[druʒītʲ]

amigo (m)	приятель (м)	[prijátelʲ]
amiga (f)	приятельница (ж)	[prijátelʲnitsa]
parceiro (m)	партнёр (м)	[partnǿr]

chefe (m)	шеф (м)	[ʃǽf]
superior (m)	начальник (м)	[natʃálʲnik]
proprietário (m)	владелец (м)	[vladélets]
subordinado (m)	подчинённый (м)	[pɔttʃinǿnnij]
colega (m)	коллега (м)	[kɔléga]
conhecido (m)	знакомый (м)	[znakómij]

| companheiro (m) de viagem | попутчик (м) | [pɔpúttʃik] |
| colega (m) de classe | одноклассник (м) | [ɔdnɔklásnik] |

vizinho (m)	сосед (м)	[sɔséd]
vizinha (f)	соседка (ж)	[sɔsétka]
vizinhos (pl)	соседи (мн)	[sɔsédi]

54. Homem. Mulher

mulher (f)	женщина (ж)	[ʒǽnʃina]
rapariga (f)	девушка (ж)	[dévuʃka]
noiva (f)	невеста (ж)	[nevésta]

bonita	красивая	[krasívaja]
alta	высокая	[visókaja]
esbelta	стройная	[strójnaja]
de estatura média	невысокого роста	[nevisókɔvɔ rósta]

| loura (f) | блондинка (ж) | [blɔndínka] |
| morena (f) | брюнетка (ж) | [brʲunétka] |

de senhora	дамский	[dámskij]
virgem (f)	девственница (ж)	[défstvenitsa]
grávida	беременная	[berémennaja]

homem (m)	мужчина (м)	[muʃína]
louro (m)	блондин (м)	[blɔndín]
moreno (m)	брюнет (м)	[brʲunét]
alto	высокий	[visókij]
de estatura média	невысокого роста	[nevisókɔvɔ rósta]

rude	грубый	[grúbij]
atarracado	коренастый	[kɔrenástij]
robusto	крепкий	[krépkij]
forte	сильный	[sílʲnij]
força (f)	сила (ж)	[síla]

gordo	полный	[pólnij]
moreno	смуглый	[smúglij]
esbelto	стройный	[strójnij]
elegante	элегантный	[ɛlegántnij]

55. Idade

idade (f)	возраст (м)	[vózrast]
juventude (f)	юность (ж)	[júnɔstʲ]
jovem	молодой	[mɔlɔdój]

mais novo	младше	[mládʃɛ]
mais velho	старше	[stárʃɛ]
jovem (m)	юноша (м)	[júnɔʃa]
adolescente (m)	подросток (м)	[pɔdróstɔk]

rapaz (m)	парень (м)	[párenʲ]
velho (m)	старик (м)	[starík]
velhota (f)	старая женщина (ж)	[stáraja ʒǽnʃʲina]

adulto	взрослый	[vzróslij]
de meia-idade	средних лет	[srédnih lét]
idoso, de idade	пожилой	[poʒilój]
velho	старый	[stárij]

reforma (f)	пенсия (ж)	[pénsija]
reformar-se (vr)	уйти на пенсию	[ujtí na pénsiju]
reformado (m)	пенсионер (ж)	[pensionér]

56. Crianças

criança (f)	ребёнок (м)	[rebǿnok]
crianças (f pl)	дети (мн)	[déti]
gémeos (m pl)	близнецы (мн)	[bliznetsꞮ́]

berço (m)	люлька (ж), колыбель (ж)	[lʲúlʲka], [kolibélʲ]
guizo (m)	погремушка (ж)	[pogremúʃka]
fralda (f)	подгузник (м)	[podgúznik]

chupeta (f)	соска (ж)	[sóska]
carrinho (m) de bebé	коляска (ж)	[kolʲáska]
jardim (m) de infância	детский сад (м)	[détskij sád]
babysitter (f)	няня (ж)	[nʲánʲa]

infância (f)	детство (с)	[détstvo]
boneca (f)	кукла (ж)	[kúkla]
brinquedo (m)	игрушка (ж)	[igrúʃka]
jogo (m) de armar	конструктор (м)	[konstrúktor]
bem-educado	воспитанный	[vospítanij]
mal-educado	невоспитанный	[nevospítanij]
mimado	избалованный	[izbalóvannij]

ser travesso	шалить (нсв, нпх)	[ʃalítʲ]
travesso, traquinas	шаловливый	[ʃalovlívij]
travessura (f)	шалость (ж)	[ʃálostʲ]
criança (f) travessa	шалун (м)	[ʃalún]

| obediente | послушный | [poslúʃnij] |
| desobediente | непослушный | [neposlúʃnij] |

dócil	умный, послушный	[úmnij], [poslúʃnij]
inteligente	умный, одарённый	[úmnij], [odarǿnnij]
menino (m) prodígio	вундеркинд (м)	[vunderkínd]

57. Casais. Vida de família

| família (f) | семья (ж) | [semjá] |
| familiar | семейный | [seméjnij] |

casal (m)	пара (ж), чета (ж)	[pára], [ʧetá]
matrimónio (m)	брак (м)	[brák]
lar (m)	домашний очаг (м)	[dɔmáʃnij ɔʧág]
dinastia (f)	династия (ж)	[dinástija]

| encontro (m) | свидание (с) | [svidánie] |
| beijo (m) | поцелуй (м) | [pɔʦɛlúj] |

amor (m)	любовь (ж)	[lʲubófʲ]
amar (vt)	любить (нсв, пх)	[lʲubítʲ]
amado, querido	любимый	[lʲubímij]

ternura (f)	нежность (ж)	[néʒnɔstʲ]
terno, afetuoso	нежный	[néʒnij]
fidelidade (f)	верность (ж)	[vérnɔstʲ]
fiel	верный	[vérnij]
cuidado (m)	забота (ж)	[zabóta]
carinhoso	заботливый	[zabótlivij]

recém-casados (m pl)	молодожёны (мн)	[mɔlɔdɔʒóni]
lua de mel (f)	медовый месяц (м)	[medóvij mésɪʦ]
casar-se (com um homem)	выйти замуж	[vɨ́jti zámuʃ]
casar-se (com uma mulher)	жениться (н/св, возв)	[ʒenítsa]

boda (f)	свадьба (ж)	[svátʲba]
bodas (f pl) de ouro	золотая свадьба (ж)	[zɔlɔtája svátʲba]
aniversário (m)	годовщина (ж)	[gɔdɔfʃína]

| amante (m) | любовник (м) | [lʲubóvnik] |
| amante (f) | любовница (ж) | [lʲubóvniʦa] |

adultério (m)	измена (ж)	[izména]
cometer adultério	изменить (св, пх)	[izmenítʲ]
ciumento	ревнивый	[revnívij]
ser ciumento	ревновать (нсв, н/пх)	[revnɔvátʲ]
divórcio (m)	развод (м)	[razvód]
divorciar-se (vr)	развестись (св, возв)	[razvestísʲ]

brigar (discutir)	ссориться (нсв, возв)	[ssóriʦa]
fazer as pazes	мириться (нсв, возв)	[miríʦa]
juntos	вместе	[vméste]
sexo (m)	секс (м)	[sæks]

felicidade (f)	счастье (с)	[ʃástje]
feliz	счастливый	[ʃislívij]
infelicidade (f)	несчастье (с)	[neʃástje]
infeliz	несчастный	[neʃásnij]

Caráter. Sentimentos. Emoções

58. Sentimentos. Emoções

sentimento (m)	чувство (с)	[tʃústvɔ]
sentimentos (m pl)	чувства (с мн)	[tʃústva]
sentir (vt)	чувствовать (нсв, пх)	[tʃústvɔvatʲ]
fome (f)	голод (м)	[gólɔd]
ter fome	хотеть есть	[hɔtétʲ éstʲ]
sede (f)	жажда (ж)	[ʒáʒda]
ter sede	хотеть пить	[hɔtétʲ pítʲ]
sonolência (f)	сонливость (ж)	[sɔnlívɔstʲ]
estar sonolento	хотеть спать	[hɔtétʲ spátʲ]
cansaço (m)	усталость (ж)	[ustálɔstʲ]
cansado	усталый	[ustálij]
ficar cansado	устать (св, нпх)	[ustátʲ]
humor (m)	настроение (с)	[nastrɔénie]
tédio (m)	скука (ж)	[skúka]
aborrecer-se (vr)	скучать (нсв, нпх)	[skutʃátʲ]
isolamento (m)	уединение (с)	[uedinénie]
isolar-se	уединиться (св, возв)	[uedinítsa]
preocupar (vt)	беспокоить (нсв, пх)	[bespɔkóitʲ]
preocupar-se (vr)	беспокоиться (нсв, возв)	[bespɔkóitsa]
preocupação (f)	беспокойство (с)	[bespɔkójstvɔ]
ansiedade (f)	тревога (ж)	[trevóga]
preocupado	озабоченный	[ɔzabótʃenij]
estar nervoso	нервничать (нсв, нпх)	[nérvnitʃatʲ]
entrar em pânico	паниковать (нсв, нпх)	[panikɔvátʲ]
esperança (f)	надежда (ж)	[nadéʒda]
esperar (vt)	надеяться (нсв, возв)	[nadéɪtsa]
certeza (f)	уверенность (ж)	[uvérenɔstʲ]
certo	уверенный	[uvérenij]
indecisão (f)	неуверенность (ж)	[neuvérenɔstʲ]
indeciso	неуверенный	[neuvérennij]
ébrio, bêbado	пьяный	[pjánij]
sóbrio	трезвый	[trézvij]
fraco	слабый	[slábij]
assustar (vt)	испугать (св, пх)	[ispugátʲ]
fúria (f)	бешенство (с)	[béʃɛnstvɔ]
ira, raiva (f)	ярость (ж)	[járɔstʲ]
depressão (f)	депрессия (ж)	[deprésija]
desconforto (m)	дискомфорт (м)	[diskɔmfórt]

conforto (m)	комфорт (м)	[kɔmfórt]
arrepender-se (vr)	сожалеть (нсв, нпх)	[sɔʒɨlétʲ]
arrependimento (m)	сожаление (с)	[sɔʒɨlénie]
azar (m), má sorte (f)	невезение (с)	[nevezénie]
tristeza (f)	огорчение (с)	[ɔgɔrtʃénie]

vergonha (f)	стыд (м)	[stĩd]
alegria (f)	веселье (с)	[vesélje]
entusiasmo (m)	энтузиазм (м)	[ɛntuziázm]
entusiasta (m)	энтузиаст (м)	[ɛntuziást]
mostrar entusiasmo	проявить энтузиазм	[prɔjɪvítʲ ɛntuziázm]

59. Caráter. Personalidade

caráter (m)	характер (м)	[harákter]
falha (f) de caráter	недостаток (м)	[nedɔstátɔk]
mente (f)	ум (м)	[úm]
razão (f)	разум (м)	[rázum]

consciência (f)	совесть (ж)	[sóvestʲ]
hábito (m)	привычка (ж)	[privĩʧka]
habilidade (f)	способность (ж)	[spɔsóbnɔstʲ]
saber (~ nadar, etc.)	уметь	[umétʲ]

paciente	терпеливый	[terpelívij]
impaciente	нетерпеливый	[neterpelívij]
curioso	любопытный	[lʲubɔpĩtnij]
curiosidade (f)	любопытство (с)	[lʲubɔpĩtstvɔ]

modéstia (f)	скромность (ж)	[skrómnɔstʲ]
modesto	скромный	[skrómnij]
imodesto	нескромный	[neskrómnij]

preguiça (f)	лень (ж)	[lénʲ]
preguiçoso	ленивый	[lenívij]
preguiçoso (m)	лентяй (м)	[lentʲáj]

astúcia (f)	хитрость (ж)	[hítrɔstʲ]
astuto	хитрый	[hítrij]
desconfiança (f)	недоверие (с)	[nedɔvérie]
desconfiado	недоверчивый	[nedɔvértʃivij]

generosidade (f)	щедрость (ж)	[ʃédrɔstʲ]
generoso	щедрый	[ʃédrij]
talentoso	талантливый	[talántlivij]
talento (m)	талант (м)	[talánt]

corajoso	смелый	[smélij]
coragem (f)	смелость (ж)	[smélɔstʲ]
honesto	честный	[ʧésnij]
honestidade (f)	честность (ж)	[ʧésnɔstʲ]

| prudente | осторожный | [ɔstɔróʒnij] |
| valente | отважный | [ɔtváʒnij] |

| sério | серьёзный | [serjǿznij] |
| severo | строгий | [strógij] |

decidido	решительный	[reʃitelʲnij]
indeciso	нерешительный	[nereʃitelʲnij]
tímido	робкий	[rópkij]
timidez (f)	робость (ж)	[róbostʲ]

confiança (f)	доверие (c)	[dɔvérie]
confiar (vt)	верить (нсв, пх)	[véritʲ]
crédulo	доверчивый	[dɔvértʃivij]

sinceramente	искренне	[ískrene]
sincero	искренний	[ískrenij]
sinceridade (f)	искренность (ж)	[ískrenɔstʲ]
aberto	открытый	[ɔtkrītij]

calmo	тихий	[tíhij]
franco	откровенный	[ɔtkrɔvénnij]
ingénuo	наивный	[naívnij]
distraído	рассеянный	[rasséɪnij]
engraçado	смешной	[smeʃnój]

ganância (f)	жадность (ж)	[ʒádnɔstʲ]
ganancioso	жадный	[ʒádnij]
avarento	скупой	[skupój]
mau	злой	[zlój]
teimoso	упрямый	[uprʲámij]
desagradável	неприятный	[neprijátnij]

egoísta (m)	эгоист (м)	[ɛgɔíst]
egoísta	эгоистичный	[ɛgɔistítʃnij]
cobarde (m)	трус (м)	[trús]
cobarde	трусливый	[truslívij]

60. O sono. Sonhos

dormir (vi)	спать (нсв, нпх)	[spátʲ]
sono (m)	сон (м)	[són]
sonho (m)	сон (м)	[són]
sonhar (vi)	видеть сны	[vídetʲ snī]
sonolento	сонный	[sónnij]

cama (f)	кровать (ж)	[krɔvátʲ]
colchão (m)	матрас (м)	[matrás]
cobertor (m)	одеяло (c)	[ɔdejálɔ]
almofada (f)	подушка (ж)	[pɔdúʃka]
lençol (m)	простыня (ж)	[prɔstinʲá]

insónia (f)	бессонница (ж)	[bessónitsa]
insone	бессонный	[bessónij]
sonífero (m)	снотворное (c)	[snɔtvórnɔe]
tomar um sonífero	принять снотворное	[prinʲátʲ snɔtvórnɔe]
estar sonolento	хотеть спать	[hɔtétʲ spátʲ]

bocejar (vi)	зевать (нсв, нпх)	[zevátʲ]
ir para a cama	идти спать	[itʲtʲí spátʲ]
fazer a cama	стелить постель	[stelítʲ pɔstélʲ]
adormecer (vi)	заснуть (св, нпх)	[zasnútʲ]

pesadelo (m)	кошмар (м)	[kɔʃmár]
ronco (m)	храп (м)	[hráp]
roncar (vi)	храпеть (нсв, нпх)	[hrapétʲ]

despertador (m)	будильник (м)	[budílʲnik]
acordar, despertar (vt)	разбудить (св, пх)	[razbudítʲ]
acordar (vi)	просыпаться (св, возв)	[prɔsɨpatsa]
levantar-se (vr)	вставать (нсв, нпх)	[fstavátʲ]
lavar-se (vr)	умываться (нсв, возв)	[umɨvátsa]

61. Humor. Riso. Alegria

humor (m)	юмор (м)	[júmɔr]
sentido (m) de humor	чувство юмора (c)	[tʃústvɔ júmɔra]
divertir-se (vr)	веселиться (нсв, возв)	[veselítsa]
alegre	весёлый	[vesǿlij]
alegria (f)	веселье (c)	[vesélje]

sorriso (m)	улыбка (ж)	[ulɨ̄pka]
sorrir (vi)	улыбаться (нсв, возв)	[ulɨbátsa]
começar a rir	засмеяться (св, возв)	[zasmejátsa]
rir (vi)	смеяться (нсв, возв)	[smejátsa]
riso (m)	смех (м)	[sméh]

anedota (f)	анекдот (м)	[anekdót]
engraçado	смешной	[smeʃnój]
ridículo	смешной	[smeʃnój]

brincar, fazer piadas	шутить (нсв, нпх)	[ʃutítʲ]
piada (f)	шутка (ж)	[ʃútka]
alegria (f)	радость (ж)	[rádɔstʲ]
regozijar-se (vr)	радоваться (нсв, возв)	[rádɔvatsa]
alegre	радостный	[rádɔsnij]

62. Discussão, conversação. Parte 1

| comunicação (f) | общение (c) | [ɔpʃénie] |
| comunicar-se (vr) | общаться (нсв, возв) | [ɔpʃátsa] |

conversa (f)	разговор (м)	[razgɔvór]
diálogo (m)	диалог (м)	[dialóg]
discussão (f)	дискуссия (ж)	[diskúsija]
debate (m)	спор (м)	[spór]
debater (vt)	спорить (нсв, нпх)	[spóritʲ]

| interlocutor (m) | собеседник (м) | [sɔbesédnik] |
| tema (m) | тема (ж) | [téma] |

ponto (m) de vista	точка (ж) зрения	[tótʃka zrénija]
opinião (f)	мнение (c)	[mnénie]
discurso (m)	речь (ж)	[rétʃ]

discussão (f)	обсуждение (c)	[ɔpsuʒdénie]
discutir (vt)	обсуждать (нсв, пх)	[ɔpsuʒdátʲ]
conversa (f)	беседа (ж)	[beséda]
conversar (vi)	беседовать (нсв, нпх)	[besédɔvatʲ]
encontro (m)	встреча (ж)	[fstrétʃa]
encontrar-se (vr)	встречаться (нсв, возв)	[fstretʃátsa]

provérbio (m)	пословица (ж)	[pɔslóvitsa]
ditado (m)	поговорка (ж)	[pɔgɔvórka]
adivinha (f)	загадка (ж)	[zagátka]
dizer uma adivinha	загадывать загадку	[zagádivatʲ zagátku]
senha (f)	пароль (м)	[parólʲ]
segredo (m)	секрет (м)	[sekrét]

juramento (m)	клятва (ж)	[klʲátva]
jurar (vi)	клясться (нсв, возв)	[klʲástsa]
promessa (f)	обещание (c)	[ɔbeʃʲánie]
prometer (vt)	обещать (н/св, пх)	[ɔbeʃʲátʲ]

conselho (m)	совет (м)	[sɔvét]
aconselhar (vt)	советовать (нсв, пх)	[sɔvétɔvatʲ]
seguir o conselho	следовать совету	[slédɔvatʲ sɔvétu]
escutar (~ os conselhos)	слушаться (нсв, возв)	[slúʃatsa]

novidade, notícia (f)	новость (ж)	[nóvɔstʲ]
sensação (f)	сенсация (ж)	[sensátsija]
informação (f)	сведения (мн)	[svédenja]
conclusão (f)	вывод (м)	[vīvɔd]
voz (f)	голос (ж)	[gólɔs]
elogio (m)	комплимент (м)	[kɔmplimént]
amável	любезный	[lʲubéznij]

palavra (f)	слово (c)	[slóvɔ]
frase (f)	фраза (ж)	[fráza]
resposta (f)	ответ (м)	[ɔtvét]

| verdade (f) | правда (ж) | [právda] |
| mentira (f) | ложь (ж) | [lóʃ] |

| pensamento (m) | мысль (ж) | [mīslʲ] |
| fantasia (f) | фантазия (ж) | [fantázija] |

63. Discussão, conversação. Parte 2

estimado	уважаемый	[uvaʒáemij]
respeitar (vt)	уважать (нсв, пх)	[uvaʒátʲ]
respeito (m)	уважение (c)	[uvaʒǽnie]
Estimado ..., Caro ...	Уважаемый ...	[uvaʒáemij ...]
apresentar (vt)	познакомить (св, пх)	[pɔznakómitʲ]
travar conhecimento	познакомиться (св, возв)	[pɔznakómitsa]

intenção (f)	намерение (c)	[namérenie]
tencionar (vt)	намереваться (нсв, возв)	[namerevátsa]
desejo (m)	пожелание (c)	[pɔʒelánie]
desejar (ex. ~ boa sorte)	пожелать (св, пх)	[pɔʒelátʲ]

surpresa (f)	удивление (c)	[udivlénie]
surpreender (vt)	удивлять (нсв, пх)	[udivlʲátʲ]
surpreender-se (vr)	удивляться (нсв, возв)	[udivlʲátsa]

dar (vt)	дать (св, пх)	[dátʲ]
pegar (tomar)	взять (св, пх)	[vzʲátʲ]
devolver (vt)	вернуть (св, пх)	[vernútʲ]
retornar (vt)	отдать (св, пх)	[ɔtdátʲ]

desculpar-se (vr)	извиняться (нсв, возв)	[izvinʲátsa]
desculpa (f)	извинение (c)	[izvinénie]
perdoar (vt)	прощать (нсв, пх)	[prɔʃátʲ]

falar (vi)	разговаривать (нсв, нпх)	[razgɔvárivatʲ]
escutar (vt)	слушать (нсв, пх)	[slúʃatʲ]
ouvir até o fim	выслушать (св, пх)	[vīslúʃatʲ]
compreender (vt)	понять (св, пх)	[pɔnʲátʲ]

mostrar (vt)	показать (св, пх)	[pɔkazátʲ]
olhar para …	глядеть на … (нсв)	[glʲadétʲ na …]
chamar (dizer em voz alta o nome)	позвать (св, пх)	[pɔzvátʲ]
distrair (vt)	беспокоить (нсв, пх)	[bespɔkóitʲ]
perturbar (vt)	мешать (нсв, пх)	[meʃátʲ]
entregar (~ em mãos)	передать (св, пх)	[peredátʲ]

pedido (m)	просьба (ж)	[prósʲba]
pedir (ex. ~ ajuda)	просить (нсв, пх)	[prɔsítʲ]
exigência (f)	требование (c)	[trébɔvanie]
exigir (vt)	требовать (нсв, пх)	[trébɔvatʲ]

chamar nomes (vt)	дразнить (нсв, пх)	[draznítʲ]
zombar (vt)	насмехаться (нсв, возв)	[nasmehátsa]
zombaria (f)	насмешка (ж)	[nasméʃka]
alcunha (f)	прозвище (c)	[prózviʃe]

insinuação (f)	намёк (м)	[namǿk]
insinuar (vt)	намекать (нсв, н/пх)	[namekátʲ]
subentender (vt)	подразумевать (нсв, пх)	[pɔdrazumevátʲ]

descrição (f)	описание (c)	[ɔpisánie]
descrever (vt)	описать (нсв, пх)	[ɔpisátʲ]
elogio (m)	похвала (ж)	[pohvalá]
elogiar (vt)	похвалить (св, пх)	[pohvalítʲ]

desapontamento (m)	разочарование (c)	[razɔtʃarɔvánie]
desapontar (vt)	разочаровать (св, пх)	[razɔtʃarɔvátʲ]
desapontar-se (vr)	разочароваться (св, возв)	[razɔtʃarɔvátsa]

suposição (f)	предположение (c)	[pretpɔlɔʒǽnie]
supor (vt)	предполагать (нсв, пх)	[pretpɔlagátʲ]

| advertência (f) | предостережение (c) | [predɔstereʒǽnie] |
| advertir (vt) | предостеречь (св, пх) | [predɔsterétʃʲ] |

64. Discussão, conversação. Parte 3

| convencer (vt) | уговорить (св, пх) | [ugɔvɔrítʲ] |
| acalmar (vt) | успокаивать (нсв, пх) | [uspɔkáivatʲ] |

silêncio (o ~ é de ouro)	молчание (c)	[mɔltʃánie]
ficar em silêncio	молчать (нсв, нпх)	[mɔltʃátʲ]
sussurrar (vt)	шепнуть (св, пх)	[ʃɛpnútʲ]
sussurro (m)	шёпот (м)	[ʃópɔt]

| francamente | откровенно | [ɔtkrɔvénnɔ] |
| a meu ver ... | по моему мнению ... | [pɔ mɔemú mnéniju ...] |

detalhe (~ da história)	подробность (ж)	[pɔdróbnɔstʲ]
detalhado	подробный	[pɔdróbnij]
detalhadamente	подробно	[pɔdróbnɔ]

| dica (f) | подсказка (ж) | [pɔtskáska] |
| dar uma dica | подсказать (св, пх) | [pɔtskazátʲ] |

olhar (m)	взгляд (м)	[vzglʲád]
dar uma vista de olhos	взглянуть (св, нпх)	[vzglɪnútʲ]
fixo (olhar ~)	неподвижный	[nepɔdvíʒnij]
piscar (vi)	моргать (нсв, нпх)	[mɔrgátʲ]
pestanejar (vt)	мигнуть (св, нпх)	[mignútʲ]
acenar (com a cabeça)	кивнуть (св, н/пх)	[kivnútʲ]

suspiro (m)	вздох (м)	[vzdóh]
suspirar (vi)	вздохнуть (св, нпх)	[vzdɔhnútʲ]
estremecer (vi)	вздрагивать (нсв, нпх)	[vzdrágivatʲ]
gesto (m)	жест (м)	[ʒǽst]
tocar (com as mãos)	прикоснуться (св, возв)	[prikɔsnútsa]
agarrar (~ pelo braço)	хватать (нсв, пх)	[hvatátʲ]
bater de leve	хлопать (нсв, нпх)	[hlópatʲ]

Cuidado!	Осторожно!	[ɔstɔróʒnɔ]
A sério?	Неужели?	[neuʒǽli?]
Tem certeza?	Ты уверен?	[tĩ uvéren?]
Boa sorte!	Удачи!	[udátʃi]
Compreendi!	Ясно!	[jásnɔ]
Que pena!	Жаль!	[ʒálʲ]

65. Acordo. Recusa

consentimento (~ mútuo)	согласие (c)	[sɔglásie]
consentir (vi)	соглашаться (нсв, возв)	[sɔglaʃátsa]
aprovação (f)	одобрение (c)	[ɔdɔbrénie]
aprovar (vt)	одобрить (св, пх)	[ɔdóbritʲ]
recusa (f)	отказ (м)	[ɔtkás]

negar-se (vt)	отказываться (нсв, возв)	[otkázivatsa]
Está ótimo!	Отлично!	[otlítʃno]
Muito bem!	Хорошо!	[horoʃó]
Está bem! De acordo!	Ладно!	[ládno]

proibido	запрещённый	[zapreʃǿnij]
é proibido	нельзя	[nelʲzʲá]
é impossível	невозможно	[nevozmóʒno]
incorreto	неправильный	[neprávilʲnij]

rejeitar (~ um pedido)	отклонить (св, пх)	[otklonítʲ]
apoiar (vt)	поддержать (св, пх)	[podderʒátʲ]
aceitar (desculpas, etc.)	принять (св, пх)	[prinʲátʲ]

confirmar (vt)	подтвердить (св, пх)	[pottverdítʲ]
confirmação (f)	подтверждение (с)	[pottverʒdénie]
permissão (f)	разрешение (с)	[razreʃǽnie]
permitir (vt)	разрешить (св, пх)	[razreʃítʲ]
decisão (f)	решение (с)	[reʃǽnie]
não dizer nada	промолчать (св, нпх)	[promoltʃátʲ]

condição (com uma ~)	условие (с)	[uslóvie]
pretexto (m)	отговорка (ж)	[odgovórka]
elogio (m)	похвала (ж)	[pohvalá]
elogiar (vt)	похвалить (св, пх)	[pohvalítʲ]

66. Sucesso. Boa sorte. Insucesso

êxito, sucesso (m)	успех (м)	[uspéh]
com êxito	успешно	[uspéʃno]
bem sucedido	успешный	[uspéʃnij]

sorte (fortuna)	удача (ж)	[udátʃa]
Boa sorte!	Удачи!	[udátʃi]
de sorte	удачный	[udátʃnij]
sortudo, felizardo	удачливый	[udátʃlivij]

fracasso (m)	неудача (ж)	[neudátʃa]
pouca sorte (f)	неудача (ж)	[neudátʃa]
azar (m), má sorte (f)	невезение (с)	[nevezénie]

mal sucedido	неудачный	[neudátʃnij]
catástrofe (f)	катастрофа (ж)	[katastrófa]

orgulho (m)	гордость (ж)	[górdostʲ]
orgulhoso	гордый	[górdij]
estar orgulhoso	гордиться (нсв, возв)	[gordítsa]

vencedor (m)	победитель (м)	[pobedítelʲ]
vencer (vi)	победить (св, нпх)	[pobedítʲ]
perder (vt)	проиграть (св, нпх)	[proigrátʲ]
tentativa (f)	попытка (ж)	[popĩtka]
tentar (vt)	пытаться (нсв, возв)	[pitátsa]
chance (m)	шанс (м)	[ʃáns]

67. Conflitos. Emoções negativas

grito (m)	крик (м)	[krík]
gritar (vi)	кричать (нсв, нпх)	[kritʃátʲ]
começar a gritar	закричать (св, нпх)	[zakritʃátʲ]
discussão (f)	ссора (ж)	[ssóra]
discutir (vt)	ссориться (нсв, возв)	[ssóritsa]
escândalo (m)	скандал (м)	[skandál]
criar escândalo	скандалить (нсв, нпх)	[skandálitʲ]
conflito (m)	конфликт (м)	[kɔnflíkt]
mal-entendido (m)	недоразумение (с)	[nedɔrazuménie]
insulto (m)	оскорбление (с)	[ɔskɔrblénie]
insultar (vt)	оскорблять (нсв, пх)	[ɔskɔrblʲátʲ]
insultado	оскорблённый	[ɔskɔrblʲɵnnij]
ofensa (f)	обида (ж)	[ɔbída]
ofender (vt)	обидеть (св, пх)	[ɔbídetʲ]
ofender-se (vr)	обидеться (св, возв)	[ɔbídetsa]
indignação (f)	возмущение (с)	[vɔzmuʃénie]
indignar-se (vr)	возмущаться (нсв, возв)	[vɔzmuʃátsa]
queixa (f)	жалоба (ж)	[ʒálɔba]
queixar-se (vr)	жаловаться (нсв, возв)	[ʒálɔvatsa]
desculpa (f)	извинение (с)	[izvinénie]
desculpar-se (vr)	извиняться (нсв, возв)	[izvinʲátsa]
pedir perdão	просить прощения	[prɔsítʲ prɔʃénija]
crítica (f)	критика (ж)	[krítika]
criticar (vt)	критиковать (нсв, пх)	[kritikɔvátʲ]
acusação (f)	обвинение (с)	[ɔbvinénie]
acusar (vt)	обвинять (нсв, пх)	[ɔbvinʲátʲ]
vingança (f)	месть (ж)	[méstʲ]
vingar (vt)	мстить (нсв, пх)	[mstítʲ]
vingar-se (vr)	отплатить (св, пх)	[ɔtplatítʲ]
desprezo (m)	презрение (с)	[prezrénie]
desprezar (vt)	презирать (нсв, пх)	[prezirátʲ]
ódio (m)	ненависть (ж)	[nénavistʲ]
odiar (vt)	ненавидеть (нсв, пх)	[nenavídetʲ]
nervoso	нервный	[nérvnij]
estar nervoso	нервничать (нсв, нпх)	[nérvnitʃatʲ]
zangado	сердитый	[serdítij]
zangar (vt)	рассердить (св, пх)	[rasserdítʲ]
humilhação (f)	унижение (с)	[uniʒǽnie]
humilhar (vt)	унижать (нсв, пх)	[uniʒátʲ]
humilhar-se (vr)	унижаться (нсв, возв)	[uniʒátsa]
choque (m)	шок (м)	[ʃók]
chocar (vt)	шокировать (н/св, пх)	[ʃɔkírɔvatʲ]
aborrecimento (m)	неприятность (ж)	[neprijátnɔstʲ]

desagradável	неприятный	[neprijátnij]
medo (m)	страх (м)	[stráh]
terrível (tempestade, etc.)	страшный	[stráʃnij]
assustador (ex. história ~a)	страшный	[stráʃnij]
horror (m)	ужас (м)	[úʒas]
horrível (crime, etc.)	ужасный	[uʒásnij]
começar a tremer	задрожать (нсв, нпх)	[zadroʒátʲ]
chorar (vi)	плакать (нсв, нпх)	[plákatʲ]
começar a chorar	заплакать (св, нпх)	[zaplákatʲ]
lágrima (f)	слеза (мн)	[slezá]
falta (f)	вина (ж)	[viná]
culpa (f)	вина (ж)	[viná]
desonra (f)	позор (м)	[pozór]
protesto (m)	протест (м)	[protést]
stresse (m)	стресс (м)	[strés]
perturbar (vt)	беспокоить (нсв, пх)	[bespokóitʲ]
zangar-se com …	злиться (нсв, возв)	[zlítsa]
zangado	злой	[zlój]
terminar (vt)	прекращать (нсв, пх)	[prekraʃátʲ]
praguejar	ругаться (нсв, возв)	[rugátsa]
assustar-se	пугаться (нсв, возв)	[pugátsa]
golpear (vt)	ударить (св, пх)	[udáritʲ]
brigar (na rua, etc.)	драться (нсв, возв)	[drátsa]
resolver (o conflito)	урегулировать (св, пх)	[uregulírovatʲ]
descontente	недовольный	[nedovólʲnij]
furioso	яростный	[járosnij]
Não está bem!	Это нехорошо!	[ǽto nehoroʃó]
É mau!	Это плохо!	[ǽto plóho]

Medicina

doença (f)	болезнь (ж)	[bɔléznʲ]
estar doente	болеть (нсв, нпх)	[bɔlétʲ]
saúde (f)	здоровье (с)	[zdɔróvje]
nariz (m) a escorrer	насморк (м)	[násmɔrk]
amigdalite (f)	ангина (ж)	[angína]
constipação (f)	простуда (ж)	[prɔstúda]
constipar-se (vr)	простудиться (св, возв)	[prɔstudítsa]
bronquite (f)	бронхит (м)	[brɔnhít]
pneumonia (f)	воспаление (с) лёгких	[vɔspalénie lǿhkih]
gripe (f)	грипп (м)	[gríp]
míope	близорукий	[blizɔrúkij]
presbita	дальнозоркий	[dalʲnɔzórkij]
estrabismo (m)	косоглазие (с)	[kɔsɔglázie]
estrábico	косоглазый	[kɔsɔglázij]
catarata (f)	катаракта (ж)	[katarákta]
glaucoma (m)	глаукома (ж)	[glaukóma]
AVC (m), apoplexia (f)	инсульт (м)	[insúlʲt]
ataque (m) cardíaco	инфаркт (м)	[infárkt]
enfarte (m) do miocárdio	инфаркт (м) миокарда	[infárkt miɔkárda]
paralisia (f)	паралич (м)	[paralítʃ]
paralisar (vt)	парализовать (нсв, пх)	[paralizɔvátʲ]
alergia (f)	аллергия (ж)	[alergíja]
asma (f)	астма (ж)	[ástma]
diabetes (f)	диабет (м)	[diabét]
dor (f) de dentes	зубная боль (ж)	[zubnája bólʲ]
cárie (f)	кариес (м)	[káries]
diarreia (f)	диарея (ж)	[diaréja]
prisão (f) de ventre	запор (м)	[zapór]
desarranjo (m) intestinal	расстройство (с) желудка	[rastrójstvɔ ʒelútka]
intoxicação (f) alimentar	отравление (с)	[ɔtravlénie]
intoxicar-se	отравиться (св, возв)	[ɔtravítsa]
artrite (f)	артрит (м)	[artrít]
raquitismo (m)	рахит (м)	[rahít]
reumatismo (m)	ревматизм (м)	[revmatízm]
arteriosclerose (f)	атеросклероз (м)	[atɛrɔsklerós]
gastrite (f)	гастрит (м)	[gastrít]
apendicite (f)	аппендицит (м)	[apenditsȋt]

| colecistite (f) | холецистит (м) | [hɔleʦistít] |
| úlcera (f) | язва (ж) | [jázva] |

sarampo (m)	корь (ж)	[kórʲ]
rubéola (f)	краснуха (ж)	[krasnúha]
iterícia (f)	желтуха (ж)	[ʒeltúha]
hepatite (f)	гепатит (м)	[gepatít]

esquizofrenia (f)	шизофрения (ж)	[ʃizɔfreníja]
raiva (f)	бешенство (с)	[béʃɛnstvɔ]
neurose (f)	невроз (м)	[nevrós]
comoção (f) cerebral	сотрясение (с) мозга	[sɔtrɪsénie mózga]

cancro (m)	рак (м)	[rák]
esclerose (f)	склероз (м)	[sklerós]
esclerose (f) múltipla	рассеянный склероз (м)	[rasséɪnnij sklerós]

alcoolismo (m)	алкоголизм (м)	[alkɔgɔlízm]
alcoólico (m)	алкоголик (м)	[alkɔgólik]
sífilis (f)	сифилис (м)	[sífilis]
SIDA (f)	СПИД (м)	[spíd]

tumor (m)	опухоль (ж)	[ópuhɔlʲ]
maligno	злокачественная	[zlɔkátʃestvenaja]
benigno	доброкачественная	[dɔbrɔkátʃestvenaja]

febre (f)	лихорадка (ж)	[lihɔrátka]
malária (f)	малярия (ж)	[malîríja]
gangrena (f)	гангрена (ж)	[gangréna]
enjoo (m)	морская болезнь (ж)	[mɔrskája bɔléznʲ]
epilepsia (f)	эпилепсия (ж)	[ɛpilépsija]

epidemia (f)	эпидемия (ж)	[ɛpidémija]
tifo (m)	тиф (м)	[tíf]
tuberculose (f)	туберкулёз (м)	[tuberkuløs]
cólera (f)	холера (ж)	[hɔléra]
peste (f)	чума (ж)	[tʃʲumá]

69. Sintomas. Tratamentos. Parte 1

sintoma (m)	симптом (м)	[simptóm]
temperatura (f)	температура (ж)	[temperatúra]
febre (f)	высокая температура (ж)	[visókaja temperatúra]
pulso (m)	пульс (м)	[púlʲs]

vertigem (f)	головокружение (с)	[gólɔvɔ·kruʒǽnie]
quente (testa, etc.)	горячий	[gɔrʲátʃij]
calafrio (m)	озноб (м)	[ɔznób]
pálido	бледный	[blédnij]

tosse (f)	кашель (м)	[káʃɛlʲ]
tossir (vi)	кашлять (нсв, нпх)	[káʃlitʲ]
espirrar (vi)	чихать (нсв, нпх)	[tʃʲihátʲ]
desmaio (m)	обморок (м)	[óbmɔrɔk]

desmaiar (vi)	упасть в обморок	[upást¹ v óbmɔrɔk]
nódoa (f) negra	синяк (м)	[sin¹ák]
galo (m)	шишка (ж)	[ʃiʃka]
magoar-se (vr)	удариться (св, возв)	[udáritsa]
pisadura (f)	ушиб (м)	[uʃib]
aleijar-se (vr)	ударить … (св, пх)	[udárit¹ …]

coxear (vi)	хромать (нсв, нпх)	[hrɔmát¹]
deslocação (f)	вывих (м)	[vīvih]
deslocar (vt)	вывихнуть (св, пх)	[vīvihnut¹]
fratura (f)	перелом (м)	[perelóm]
fraturar (vt)	получить перелом	[pɔluʧít¹ perelóm]

corte (m)	порез (м)	[pɔrés]
cortar-se (vr)	порезаться (св, возв)	[pɔrézatsa]
hemorragia (f)	кровотечение (с)	[krɔvɔ·teʧénie]

| queimadura (f) | ожог (м) | [ɔʒóg] |
| queimar-se (vr) | обжечься (св, возв) | [ɔbʒǽʧs¹a] |

picar (vt)	уколоть (св, пх)	[ukɔlót¹]
picar-se (vr)	уколоться (св, возв)	[ukɔlótsa]
lesionar (vt)	повредить (св, пх)	[pɔvredít¹]
lesão (m)	повреждение (с)	[pɔvreʒdénie]
ferida (f), ferimento (m)	рана (ж)	[rána]
trauma (m)	травма (ж)	[trávma]

delirar (vi)	бредить (нсв, нпх)	[brédit¹]
gaguejar (vi)	заикаться (нсв, возв)	[zaikátsa]
insolação (f)	солнечный удар (м)	[sólneʧnij udár]

70. Sintomas. Tratamentos. Parte 2

| dor (f) | боль (ж) | [ból¹] |
| farpa (no dedo) | заноза (ж) | [zanóza] |

suor (m)	пот (м)	[pót]
suar (vi)	потеть (нсв, нпх)	[pɔtét¹]
vómito (m)	рвота (ж)	[rvóta]
convulsões (f pl)	судороги (ж мн)	[súdɔrɔgi]

grávida	беременная	[berémennaja]
nascer (vi)	родиться (св, возв)	[rɔdítsa]
parto (m)	роды (мн)	[ródi]
dar à luz	рожать (нсв, пх)	[rɔʒát¹]
aborto (m)	аборт (м)	[abórt]

respiração (f)	дыхание (с)	[dihánie]
inspiração (f)	вдох (м)	[vdóh]
expiração (f)	выдох (м)	[vīdoh]
expirar (vi)	выдохнуть (св, пх)	[vīdɔhnut¹]
inspirar (vi)	вдыхать (нсв, нпх)	[vdihát¹]
inválido (m)	инвалид (м)	[invalíd]
aleijado (m)	калека (с)	[kaléka]

toxicodependente (m)	наркоман (м)	[narkɔmán]
surdo	глухой	[gluhój]
mudo	немой	[nemój]
surdo-mudo	глухонемой	[gluhɔ·nemój]

louco (adj.)	сумасшедший	[sumaʃǽdʃɛj]
louco (m)	сумасшедший (м)	[sumaʃǽdʃɛj]
louca (f)	сумасшедшая (ж)	[sumaʃǽdʃaja]
ficar louco	сойти с ума	[sɔjtí s umá]

gene (m)	ген (м)	[gén]
imunidade (f)	иммунитет (м)	[imunitét]
hereditário	наследственный	[naslétstvenij]
congénito	врождённый	[vrɔʒdǿnij]

vírus (m)	вирус (м)	[vírus]
micróbio (m)	микроб (м)	[mikrób]
bactéria (f)	бактерия (ж)	[baktǽrija]
infeção (f)	инфекция (ж)	[inféktsija]

71. Sintomas. Tratamentos. Parte 3

hospital (m)	больница (ж)	[bɔlʲnítsa]
paciente (m)	пациент (м)	[patsiǽnt]

diagnóstico (m)	диагноз (м)	[diágnɔs]
cura (f)	лечение (с)	[letʃénie]
tratamento (m) médico	лечение (с)	[letʃénie]
curar-se (vr)	лечиться (нсв, возв)	[letʃítsa]
tratar (vt)	лечить (нсв, пх)	[letʃítʲ]
cuidar (pessoa)	ухаживать (нсв, нпх)	[uháʒivatʲ]
cuidados (m pl)	уход (м)	[uhód]

operação (f)	операция (ж)	[ɔperátsija]
enfaixar (vt)	перевязать (св, пх)	[perevɪzátʲ]
enfaixamento (m)	перевязка (ж)	[perevʲázka]

vacinação (f)	прививка (ж)	[privífka]
vacinar (vt)	делать прививку	[délatʲ privífku]
injeção (f)	укол (м)	[ukól]
dar uma injeção	делать укол	[délatʲ ukól]

amputação (f)	ампутация (ж)	[amputátsija]
amputar (vt)	ампутировать (н/св, пх)	[amputírovatʲ]
coma (f)	кома (ж)	[kóma]
estar em coma	быть в коме	[bɪ̈tʲ f kóme]
reanimação (f)	реанимация (ж)	[reanimátsija]

recuperar-se (vr)	выздоравливать (нсв, нпх)	[vizdɔrávlivatʲ]
estado (~ de saúde)	состояние (с)	[sɔstɔjánie]
consciência (f)	сознание (с)	[sɔznánie]
memória (f)	память (ж)	[pámɪtʲ]
tirar (vt)	удалять (нсв, пх)	[udalʲátʲ]
chumbo (m), obturação (f)	пломба (ж)	[plómba]

chumbar, obturar (vt)	пломбировать (нсв, пх)	[plɔmbirɔvátʲ]
hipnose (f)	гипноз (м)	[gipnós]
hipnotizar (vt)	гипнотизировать (нсв, пх)	[gipnɔtizírɔvatʲ]

72. Médicos

médico (m)	врач (м)	[vrátʃ]
enfermeira (f)	медсестра (ж)	[metsestrá]
médico (m) pessoal	личный врач (м)	[lítʃnij vrátʃ]

dentista (m)	стоматолог (м)	[stɔmatólɔg]
oculista (m)	окулист (м)	[ɔkulíst]
terapeuta (m)	терапевт (м)	[terapévt]
cirurgião (m)	хирург (м)	[hirúrg]

psiquiatra (m)	психиатр (м)	[psihiátr]
pediatra (m)	педиатр (м)	[pediátr]
psicólogo (m)	психолог (м)	[psihólɔg]
ginecologista (m)	гинеколог (м)	[ginekólɔg]
cardiologista (m)	кардиолог (м)	[kardiólɔg]

73. Medicina. Drogas. Acessórios

medicamento (m)	лекарство (с)	[lekárstvɔ]
remédio (m)	средство (с)	[srétstvɔ]
receitar (vt)	прописать (нсв, пх)	[prɔpisátʲ]
receita (f)	рецепт (м)	[retsǽpt]

comprimido (m)	таблетка (ж)	[tablétka]
pomada (f)	мазь (ж)	[másʲ]
ampola (f)	ампула (ж)	[ámpula]
preparado (m)	микстура (ж)	[mikstúra]
xarope (m)	сироп (м)	[siróp]
cápsula (f)	пилюля (ж)	[pilʲúlʲa]
remédio (m) em pó	порошок (м)	[pɔrɔʃók]

ligadura (f)	бинт (м)	[bínt]
algodão (m)	вата (ж)	[váta]
iodo (m)	йод (м)	[jód]
penso (m) rápido	лейкопластырь (м)	[lejkɔplástirʲ]
conta-gotas (m)	пипетка (ж)	[pipétka]
termómetro (m)	градусник (м)	[grádusnik]
seringa (f)	шприц (м)	[ʃpríts]

| cadeira (f) de rodas | коляска (ж) | [kɔlʲáska] |
| muletas (f pl) | костыли (м мн) | [kɔstilí] |

analgésico (m)	обезболивающее (с)	[ɔbezbólivajuʃee]
laxante (m)	слабительное (с)	[slabítelʲnɔe]
álcool (m) etílico	спирт (м)	[spírt]
ervas (f pl) medicinais	трава (ж)	[travá]
de ervas (chá ~)	травяной	[travɪnój]

74. Fumar. Produtos tabágicos

tabaco (m)	табак (м)	[tabák]
cigarro (m)	сигарета (ж)	[sigaréta]
charuto (m)	сигара (ж)	[sigára]
cachimbo (m)	трубка (ж)	[trúpka]
maço (~ de cigarros)	пачка (ж)	[pátʃka]
fósforos (m pl)	спички (ж мн)	[spítʃki]
caixa (f) de fósforos	спичечный коробок (м)	[spítʃetʃnij korobók]
isqueiro (m)	зажигалка (ж)	[zaʒigálka]
cinzeiro (m)	пепельница (ж)	[pépelʲnitsa]
cigarreira (f)	портсигар (м)	[portsigár]
boquilha (f)	мундштук (м)	[munʃtúk]
filtro (m)	фильтр (м)	[fílʲtr]
fumar (vi, vt)	курить (нсв, н/пх)	[kurítʲ]
acender um cigarro	прикурить (св, н/пх)	[prikurítʲ]
tabagismo (m)	курение (с)	[kurénie]
fumador (m)	курильщик (м)	[kurílʲʃik]
beata (f)	окурок (м)	[okúrok]
fumo (m)	дым (м)	[dīm]
cinza (f)	пепел (м)	[pépel]

HABITAT HUMANO

Cidade

cidade (f)	город (м)	[górɔd]
capital (f)	столица (ж)	[stɔlítsa]
aldeia (f)	деревня (ж)	[derévnʲa]
mapa (m) da cidade	план (м) города	[plán górɔda]
centro (m) da cidade	центр (м) города	[tsǽntr górɔda]
subúrbio (m)	пригород (м)	[prígɔrɔd]
suburbano	пригородный	[prígɔrɔdnij]
periferia (f)	окраина (ж)	[ɔkráina]
arredores (m pl)	окрестности (ж мн)	[ɔkrésnɔsti]
quarteirão (m)	квартал (м)	[kvartál]
quarteirão (m) residencial	жилой квартал (м)	[ʒɨlój kvartál]
tráfego (m)	движение (с)	[dviʒǽnie]
semáforo (m)	светофор (м)	[svetɔfór]
transporte (m) público	городской транспорт (м)	[gɔrɔtskój tránspɔrt]
cruzamento (m)	перекрёсток (м)	[perekrǿstɔk]
passadeira (f)	переход (м)	[perehód]
passagem (f) subterrânea	подземный переход (м)	[pɔdzémnij perehód]
cruzar, atravessar (vt)	переходить (нсв, н/пх)	[perehɔdítʲ]
peão (m)	пешеход (м)	[peʃhód]
passeio (m)	тротуар (м)	[trɔtuár]
ponte (f)	мост (м)	[móst]
margem (f) do rio	набережная (ж)	[nábereʒnaja]
fonte (f)	фонтан (м)	[fɔntán]
alameda (f)	аллея (ж)	[aléja]
parque (m)	парк (м)	[párk]
bulevar (m)	бульвар (м)	[bulʲvár]
praça (f)	площадь (ж)	[plóʃatʲ]
avenida (f)	проспект (м)	[prɔspékt]
rua (f)	улица (ж)	[úlitsa]
travessa (f)	переулок (м)	[pereúlɔk]
beco (m) sem saída	тупик (м)	[tupík]
casa (f)	дом (м)	[dóm]
edifício, prédio (m)	здание (с)	[zdánie]
arranha-céus (m)	небоскрёб (м)	[nebɔskrǿb]
fachada (f)	фасад (м)	[fasád]
telhado (m)	крыша (ж)	[krɨ̃ʃa]

janela (f)	окно (с)	[ɔknó]
arco (m)	арка (ж)	[árka]
coluna (f)	колонна (ж)	[kɔlóna]
esquina (f)	угол (м)	[úgɔl]

montra (f)	витрина (ж)	[vitrína]
letreiro (m)	вывеска (ж)	[vīveska]
cartaz (m)	афиша (ж)	[afíʃa]
cartaz (m) publicitário	рекламный плакат (м)	[reklámnij plakát]
painel (m) publicitário	рекламный щит (м)	[reklámnij ʃít]

lixo (m)	мусор (м)	[músɔr]
cesta (f) do lixo	урна (ж)	[úrna]
jogar lixo na rua	сорить (нсв, нпх)	[sɔrítʲ]
aterro (m) sanitário	свалка (ж)	[sválka]

cabine (f) telefónica	телефонная будка (ж)	[telefónnaja bútka]
candeeiro (m) de rua	фонарный столб (м)	[fɔnárnij stólb]
banco (m)	скамейка (ж)	[skaméjka]

polícia (m)	полицейский (м)	[pɔlitsǽjskij]
polícia (instituição)	полиция (ж)	[pɔlítsija]
mendigo (m)	нищий (м)	[níʃij]
sem-abrigo (m)	бездомный (м)	[bezdómnij]

76. Instituições urbanas

loja (f)	магазин (м)	[magazín]
farmácia (f)	аптека (ж)	[aptéka]
ótica (f)	оптика (ж)	[óptika]
centro (m) comercial	торговый центр (м)	[tɔrgóvij tsǽntr]
supermercado (m)	супермаркет (м)	[supermárket]

padaria (f)	булочная (ж)	[búlɔtʃnaja]
padeiro (m)	пекарь (м)	[pékarʲ]
pastelaria (f)	кондитерская (ж)	[kɔndíterskaja]
mercearia (f)	продуктовый магазин (м)	[prɔduktóvij magazín]
talho (m)	мясная лавка (ж)	[mısnája láfka]

| loja (f) de legumes | овощная лавка (ж) | [ɔvɔʃnája láfka] |
| mercado (m) | рынок (м) | [rīnɔk] |

café (m)	кафе (с)	[kafǽ]
restaurante (m)	ресторан (м)	[restɔrán]
bar (m), cervejaria (f)	пивная (ж)	[pivnája]
pizzaria (f)	пиццерия (ж)	[pitsǽrija], [pitsɛríja]

salão (m) de cabeleireiro	парикмахерская (ж)	[parihmáherskaja]
correios (m pl)	почта (ж)	[pótʃta]
lavandaria (f)	химчистка (ж)	[himtʃístka]
estúdio (m) fotográfico	фотоателье (с)	[foto·atɛljé]

| sapataria (f) | обувной магазин (м) | [ɔbuvnój magazín] |
| livraria (f) | книжный магазин (м) | [kníʒnij magazín] |

loja (f) de artigos de desporto	спортивный магазин (м)	[sportívnij magazín]
reparação (f) de roupa	ремонт (м) одежды	[remónt ɔdéʒdi]
aluguer (m) de roupa	прокат (м) одежды	[prɔkát ɔdéʒdi]
aluguer (m) de filmes	прокат (м) фильмов	[prɔkát fíĺmɔf]
circo (m)	цирк (м)	[ʦīrk]
jardim (m) zoológico	зоопарк (м)	[zɔɔpárk]
cinema (m)	кинотеатр (м)	[kinɔteátr]
museu (m)	музей (м)	[muzéj]
biblioteca (f)	библиотека (ж)	[bibliɔtéka]
teatro (m)	театр (м)	[teátr]
ópera (f)	опера (ж)	[ópera]
clube (m) noturno	ночной клуб (м)	[nɔʧnój klúb]
casino (m)	казино (с)	[kazinó]
mesquita (f)	мечеть (ж)	[meʧéti]
sinagoga (f)	синагога (ж)	[sinagóga]
catedral (f)	собор (м)	[sɔbór]
templo (m)	храм (м)	[hrám]
igreja (f)	церковь (ж)	[ʦærkɔfi]
instituto (m)	институт (м)	[institút]
universidade (f)	университет (м)	[universitét]
escola (f)	школа (ж)	[ʃkóla]
prefeitura (f)	префектура (ж)	[prefektúra]
câmara (f) municipal	мэрия (ж)	[mǽrija]
hotel (m)	гостиница (ж)	[gɔstínitsa]
banco (m)	банк (м)	[bánk]
embaixada (f)	посольство (с)	[pɔsóĺstvɔ]
agência (f) de viagens	турагентство (с)	[tur·agénstvɔ]
agência (f) de informações	справочное бюро (с)	[správɔʧnɔe biuró]
casa (f) de câmbio	обменный пункт (м)	[ɔbménnij púnkt]
metro (m)	метро (с)	[metró]
hospital (m)	больница (ж)	[bɔĺnítsa]
posto (m) de gasolina	автозаправка (ж)	[aftɔ·zapráfka]
parque (m) de estacionamento	стоянка (ж)	[stɔjánka]

77. Transportes urbanos

autocarro (m)	автобус (м)	[aftóbus]
elétrico (m)	трамвай (м)	[tramváj]
troleicarro (m)	троллейбус (м)	[trɔléjbus]
itinerário (m)	маршрут (м)	[marʃrút]
número (m)	номер (м)	[nómer]
ir de … (carro, etc.)	ехать на … (нсв)	[éhati na …]
entrar (~ no autocarro)	сесть на … (св)	[sésti na …]
descer de …	сойти с … (св)	[sɔjtí s …]
paragem (f)	остановка (ж)	[ɔstanófka]

próxima paragem (f)	следующая остановка (ж)	[sléduf	aja ɔstanófka]
ponto (m) final	конечная остановка (ж)	[kɔnétʃnaja ɔstanófka]
horário (m)	расписание (c)	[raspisánie]
esperar (vt)	ждать (нсв, пх)	[ʒdátʲ]

| bilhete (m) | билет (м) | [bilét] |
| custo (m) do bilhete | стоимость (ж) билета | [stóimɔstʲ biléta] |

bilheteiro (m)	кассир (м)	[kassír]
controlo (m) dos bilhetes	контроль (м)	[kɔntrólʲ]
revisor (m)	контролёр (м)	[kɔntrɔlǿr]

atrasar-se (vr)	опаздывать на ... (нсв, нпх)	[ɔpázdivatʲ na ...]
perder (o autocarro, etc.)	опоздать на ... (св, нпх)	[ɔpɔzdátʲ na ...]
estar com pressa	спешить (нсв, нпх)	[speʃítʲ]

táxi (m)	такси (c)	[taksí]
taxista (m)	таксист (м)	[taksíst]
de táxi (ir ~)	на такси	[na taksí]
praça (f) de táxis	стоянка (ж) такси	[stɔjánka taksí]
chamar um táxi	вызвать такси	[vīzvatʲ taksí]
apanhar um táxi	взять такси	[vzʲátʲ taksí]

tráfego (m)	уличное движение (c)	[úlitʃnɔe dviʒǽnie]
engarrafamento (m)	пробка (ж)	[própka]
horas (f pl) de ponta	часы пик (м)	[tʃasī pík]
estacionar (vi)	парковаться (нсв, возв)	[parkɔvátsa]
estacionar (vt)	парковать (нсв, пх)	[parkɔvátʲ]
parque (m) de estacionamento	стоянка (ж)	[stɔjánka]

metro (m)	метро (c)	[metró]
estação (f)	станция (ж)	[stántsija]
ir de metro	ехать на метро	[éhatʲ na metró]
comboio (m)	поезд (м)	[póezd]
estação (f)	вокзал (м)	[vɔkzál]

78. Turismo

monumento (m)	памятник (м)	[pámɪtnik]
fortaleza (f)	крепость (ж)	[krépɔstʲ]
palácio (m)	дворец (м)	[dvɔréts]
castelo (m)	замок (м)	[zámɔk]
torre (f)	башня (ж)	[báʃnʲa]
mausoléu (m)	мавзолей (м)	[mavzɔléj]

arquitetura (f)	архитектура (ж)	[arhitektúra]
medieval	средневековый	[srednevekóvij]
antigo	старинный	[starínnij]
nacional	национальный	[natsionálʲnij]
conhecido	известный	[izvésnij]

turista (m)	турист (м)	[turíst]
guia (pessoa)	гид (м)	[gíd]
excursão (f)	экскурсия (ж)	[ɛkskúrsija]

| mostrar (vt) | показывать (нсв, пх) | [pɔkázivatʲ] |
| contar (vt) | рассказывать (нсв, пх) | [raskázivatʲ] |

encontrar (vt)	найти (св, пх)	[najtí]
perder-se (vr)	потеряться (св, возв)	[poterʲátsa]
mapa (~ do metrô)	схема (ж)	[sxéma]
mapa (~ da cidade)	план (м)	[plán]

lembrança (f), presente (m)	сувенир (м)	[suvenír]
loja (f) de presentes	магазин (м) сувениров	[magazín suvenírɔf]
fotografar (vt)	фотографировать (нсв, пх)	[fɔtɔgrafírɔvatʲ]
fotografar-se	фотографироваться (нсв, возв)	[fɔtɔgrafírɔvatsa]

79. Compras

comprar (vt)	покупать (нсв, пх)	[pɔkupátʲ]
compra (f)	покупка (ж)	[pɔkúpka]
fazer compras	делать покупки	[délatʲ pɔkúpki]
compras (f pl)	шоппинг (м)	[ʃóping]

| estar aberta (loja, etc.) | работать (нсв, нпх) | [rabótatʲ] |
| estar fechada | закрыться (св, возв) | [zakrĩtsa] |

calçado (m)	обувь (ж)	[óbufʲ]
roupa (f)	одежда (ж)	[ɔdéʒda]
cosméticos (m pl)	косметика (ж)	[kɔsmétika]
alimentos (m pl)	продукты (мн)	[prɔdúkti]
presente (m)	подарок (м)	[pɔdárɔk]

| vendedor (m) | продавец (м) | [prɔdavéts] |
| vendedora (f) | продавщица (ж) | [prɔdafʃʲítsa] |

caixa (f)	касса (ж)	[kássa]
espelho (m)	зеркало (с)	[zérkalɔ]
balcão (m)	прилавок (м)	[prilávɔk]
cabine (f) de provas	примерочная (ж)	[primérɔtʃnaja]

provar (vt)	примерить (св, пх)	[priméritʲ]
servir (vi)	подходить (нсв, нпх)	[pɔtxɔdítʲ]
gostar (apreciar)	нравиться (нсв, возв)	[nrávitsa]

preço (m)	цена (ж)	[tsɛná]
etiqueta (f) de preço	ценник (м)	[tsǽnnik]
custar (vt)	стоить (нсв, пх)	[stóitʲ]
Quanto?	Сколько?	[skólʲkɔ?]
desconto (m)	скидка (ж)	[skítka]

não caro	недорогой	[nedɔrɔgój]
barato	дешёвый	[deʃóvij]
caro	дорогой	[dɔrɔgój]
É caro	Это дорого.	[ǽtɔ dórɔgɔ]
aluguer (m)	прокат (м)	[prɔkát]
alugar (vestidos, etc.)	взять напрокат	[vzʲátʲ naprɔkát]

| crédito (m) | кредит (м) | [kredít] |
| a crédito | в кредит | [f kredít] |

80. Dinheiro

dinheiro (m)	деньги (мн)	[dénʲgi]
câmbio (m)	обмен (м)	[ɔbmén]
taxa (f) de câmbio	курс (м)	[kúrs]
Caixa Multibanco (m)	банкомат (м)	[bankɔmát]
moeda (f)	монета (ж)	[mɔnéta]

| dólar (m) | доллар (м) | [dólar] |
| euro (m) | евро (с) | [évrɔ] |

lira (f)	лира (ж)	[líra]
marco (m)	марка (ж)	[márka]
franco (m)	франк (м)	[fránk]
libra (f) esterlina	фунт стерлингов (м)	[fúnt stérlingɔf]
iene (m)	йена (ж)	[jéna]

dívida (f)	долг (м)	[dólg]
devedor (m)	должник (м)	[dɔlʒník]
emprestar (vt)	дать в долг	[dátʲ v dólg]
pedir emprestado	взять в долг	[vzʲátʲ v dólg]

banco (m)	банк (м)	[bánk]
conta (f)	счёт (м)	[ʃɵt]
depositar (vt)	положить (св, пх)	[pɔlɔʒítʲ]
depositar na conta	положить на счёт	[pɔlɔʒítʲ na ʃɵt]
levantar (vt)	снять со счёта	[snʲátʲ sɔ ʃɵta]

cartão (m) de crédito	кредитная карта (ж)	[kredítnaja kárta]
dinheiro (m) vivo	наличные деньги (мн)	[nalítʃnie dénʲgi]
cheque (m)	чек (м)	[tʃék]
passar um cheque	выписать чек	[vīpisatʲ tʃék]
livro (m) de cheques	чековая книжка (ж)	[tʃékɔvaja kníʃka]

carteira (f)	бумажник (м)	[bumáʒnik]
porta-moedas (m)	кошелёк (м)	[kɔʃɛlɵk]
cofre (m)	сейф (м)	[séjf]

herdeiro (m)	наследник (м)	[naslédnik]
herança (f)	наследство (с)	[naslétstvɔ]
fortuna (riqueza)	состояние (с)	[sɔstɔjánie]

arrendamento (m)	аренда (ж)	[arénda]
renda (f) de casa	квартирная плата (ж)	[kvartírnaja pláta]
alugar (vt)	снимать (нсв, пх)	[snimátʲ]

preço (m)	цена (ж)	[tsɛná]
custo (m)	стоимость (ж)	[stóimɔstʲ]
soma (f)	сумма (ж)	[súmma]
gastar (vt)	тратить (нсв, пх)	[trátitʲ]
gastos (m pl)	расходы (мн)	[rasxódi]

| economizar (vi) | экономить (нсв, н/пх) | [ɛkɔnómitʲ] |
| económico | экономный | [ɛkɔnómnij] |

pagar (vt)	платить (нсв, н/пх)	[platítʲ]
pagamento (m)	оплата (ж)	[ɔpláta]
troco (m)	сдача (ж)	[zdátʃa]

imposto (m)	налог (м)	[nalóg]
multa (f)	штраф (м)	[ʃtráf]
multar (vt)	штрафовать (нсв, пх)	[ʃtrafɔvátʲ]

81. Correios. Serviço postal

correios (m pl)	почта (ж)	[pótʃta]
correio (m)	почта (ж)	[pótʃta]
carteiro (m)	почтальон (м)	[pɔtʃtaljón]
horário (m)	часы (мн) работы	[tʃasī rabóti]

carta (f)	письмо (с)	[pisʲmó]
carta (f) registada	заказное письмо (с)	[zakaznóe pisʲmó]
postal (m)	открытка (ж)	[ɔtkrītka]
telegrama (m)	телеграмма (ж)	[telegráma]
encomenda (f) postal	посылка (ж)	[pɔsīlka]
remessa (f) de dinheiro	денежный перевод (м)	[déneʒnij perevód]

receber (vt)	получить (св, пх)	[pɔlutʃítʲ]
enviar (vt)	отправить (св, пх)	[ɔtprávitʲ]
envio (m)	отправка (ж)	[ɔtpráfka]

endereço (m)	адрес (м)	[ádres]
código (m) postal	индекс (м)	[índɛks]
remetente (m)	отправитель (м)	[ɔtpravítelʲ]
destinatário (m)	получатель (м)	[pɔlutʃátelʲ]

| nome (m) | имя (с) | [ímʲa] |
| apelido (m) | фамилия (ж) | [famílija] |

tarifa (f)	тариф (м)	[taríf]
ordinário	обычный	[ɔbītʃnij]
económico	экономичный	[ɛkɔnɔmítʃnij]

peso (m)	вес (м)	[vés]
pesar (estabelecer o peso)	взвешивать (нсв, пх)	[vzvéʃivatʲ]
envelope (m)	конверт (м)	[kɔnvért]
selo (m)	марка (ж)	[márka]
colar o selo	наклеивать марку	[nakléivatʲ márku]

Moradia. Casa. Lar

82. Casa. Habitação

casa (f)	дом (м)	[dóm]
em casa	дома	[dóma]
pátio (m)	двор (м)	[dvór]
cerca (f)	ограда (ж)	[ɔgráda]
tijolo (m)	кирпич (м)	[kirpítʃ]
de tijolos	кирпичный	[kirpítʃnij]
pedra (f)	камень (м)	[kámenʲ]
de pedra	каменный	[kámennij]
betão (m)	бетон (м)	[betón]
de betão	бетонный	[betónnij]
novo	новый	[nóvij]
velho	старый	[stárij]
decrépito	ветхий	[vétxij]
moderno	современный	[sɔvreménnij]
de muitos andares	многоэтажный	[mnɔgɔ·ɛtáʒnij]
alto	высокий	[visókij]
andar (m)	этаж (м)	[ɛtáʃ]
de um andar	одноэтажный	[ɔdnɔ·ɛtáʒnij]
andar (m) de baixo	нижний этаж (м)	[níʒnij ɛtáʃ]
andar (m) de cima	верхний этаж (м)	[vérhnij ɛtáʃ]
telhado (m)	крыша (ж)	[krýʃa]
chaminé (f)	труба (ж)	[trubá]
telha (f)	черепица (ж)	[tʃerepítsa]
de telha	черепичный	[tʃerepítʃnij]
sótão (m)	чердак (м)	[tʃerdák]
janela (f)	окно (с)	[ɔknó]
vidro (m)	стекло (с)	[stekló]
parapeito (m)	подоконник (м)	[pɔdɔkónik]
portadas (f pl)	ставни (ж мн)	[stávni]
parede (f)	стена (ж)	[stená]
varanda (f)	балкон (м)	[balkón]
tubo (m) de queda	водосточная труба (ж)	[vɔdɔstótʃnaja trubá]
em cima	наверху	[naverhú]
subir (~ as escadas)	подниматься (нсв, возв)	[pɔdnimátsa]
descer (vi)	спускаться (нсв, возв)	[spuskátsa]
mudar-se (vr)	переезжать (нсв, нпх)	[pereeʒʒátʲ]

83. Casa. Entrada. Elevador

entrada (f)	подъезд (м)	[pɔdjézd]
escada (f)	лестница (ж)	[lésnitsa]
degraus (m pl)	ступени (ж мн)	[stupéni]
corrimão (m)	перила (мн)	[períla]
hall (m) de entrada	холл (м)	[hól]
caixa (f) de correio	почтовый ящик (м)	[pɔʧtóvij jáʃik]
caixote (m) do lixo	мусорный бак (м)	[músɔrnij bák]
conduta (f) do lixo	мусоропровод (м)	[musɔrɔ·prɔvód]
elevador (m)	лифт (м)	[líft]
elevador (m) de carga	грузовой лифт (м)	[gruzɔvój líft]
cabine (f)	кабина (ж)	[kabína]
pegar o elevador	ехать на лифте	[éhatʲ na lífte]
apartamento (m)	квартира (ж)	[kvartíra]
moradores (m pl)	жильцы (мн)	[ʒilʲtsɨ]
vizinho (m)	сосед (м)	[sɔséd]
vizinha (f)	соседка (ж)	[sɔsétka]
vizinhos (pl)	соседи (мн)	[sɔsédi]

84. Casa. Portas. Fechaduras

porta (f)	дверь (ж)	[dvérʲ]
portão (m)	ворота (мн)	[vɔróta]
maçaneta (f)	ручка (ж)	[rúʧka]
destrancar (vt)	отпереть (св, н/пх)	[ɔtperétʲ]
abrir (vt)	открывать (нсв, пх)	[ɔtkrivátʲ]
fechar (vt)	закрывать (нсв, пх)	[zakrivátʲ]
chave (f)	ключ (м)	[klʲúʧ]
molho (m)	связка (ж)	[svʲáska]
ranger (vi)	скрипеть (нсв, нпх)	[skripétʲ]
rangido (m)	скрип (м)	[skríp]
dobradiça (f)	петля (ж)	[petlʲá]
tapete (m) de entrada	коврик (м)	[kóvrik]
fechadura (f)	замок (м)	[zámɔk]
buraco (m) da fechadura	замочная скважина (ж)	[zamóʧnaja skváʒina]
ferrolho (m)	засов (м)	[zasóf]
fecho (ferrolho pequeno)	задвижка (ж)	[zadvíʃka]
cadeado (m)	навесной замок (м)	[navesnój zamók]
tocar (vt)	звонить (нсв, нпх)	[zvɔnítʲ]
toque (m)	звонок (м)	[zvɔnók]
campainha (f)	звонок (м)	[zvɔnók]
botão (m)	кнопка (ж)	[knópka]
batida (f)	стук (м)	[stúk]
bater (vi)	стучать (нсв, нпх)	[stuʧátʲ]
código (m)	код (м)	[kód]
fechadura (f) de código	кодовый замок (м)	[kódɔvij zamók]

telefone (m) de porta	домофон (м)	[dɔmɔfón]
número (m)	номер (м)	[nómer]
placa (f) de porta	табличка (ж)	[tablítʃka]
vigia (f), olho (m) mágico	глазок (м)	[glazók]

85. Casa de campo

aldeia (f)	деревня (ж)	[derévnʲa]
horta (f)	огород (м)	[ɔgɔród]
cerca (f)	забор (м)	[zabór]
paliçada (f)	изгородь (ж)	[ízgɔrɔtʲ]
cancela (f) do jardim	калитка (ж)	[kalítka]
celeiro (m)	амбар (м)	[ambár]
adega (f)	погреб (м)	[pógreb]
galpão, barracão (m)	сарай (м)	[saráj]
poço (m)	колодец (м)	[kɔlódets]
fogão (m)	печь (ж)	[pétʃʲ]
atiçar o fogo	топить печь (нсв)	[tɔpítʲ pétʃʲ]
lenha (carvão ou ~)	дрова (ж)	[drɔvá]
acha (lenha)	полено (с)	[pɔlénɔ]
varanda (f)	веранда (ж)	[veránda]
alpendre (m)	терраса (ж)	[terása]
degraus (m pl) de entrada	крыльцо (с)	[krilʲtsó]
balouço (m)	качели (мн)	[katʃéli]

86. Castelo. Palácio

castelo (m)	замок (м)	[zámɔk]
palácio (m)	дворец (м)	[dvɔréts]
fortaleza (f)	крепость (ж)	[krépɔstʲ]
muralha (f)	стена (ж)	[stená]
torre (f)	башня (ж)	[báʃnʲa]
calabouço (m)	главная башня (ж)	[glávnaja báʃnʲa]
grade (f) levadiça	подъёмные ворота (мн)	[pɔdjómnie vɔróta]
passagem (f) subterrânea	подземный ход (м)	[pɔdzémnij hód]
fosso (m)	ров (м)	[róf]
corrente, cadeia (f)	цепь (ж)	[tsæpʲ]
seteira (f)	бойница (ж)	[bɔjnítsa]
magnífico	великолепный	[velikɔlépnij]
majestoso	величественный	[velítʃestvenij]
inexpugnável	неприступный	[nepristúpnij]
medieval	средневековый	[srednevekóvij]

87. Apartamento

apartamento (m)	квартира (ж)	[kvartíra]
quarto (m)	комната (ж)	[kómnata]
quarto (m) de dormir	спальня (ж)	[spálʲnʲa]
sala (f) de jantar	столовая (ж)	[stɔlóvaja]
sala (f) de estar	гостиная (ж)	[gɔstínaja]
escritório (m)	кабинет (м)	[kabinét]
antessala (f)	прихожая (ж)	[prihóӡaja]
quarto (m) de banho	ванная комната (ж)	[vánnaja kómnata]
toilette (lavabo)	туалет (м)	[tualét]
teto (m)	потолок (м)	[pɔtɔlók]
chão, soalho (m)	пол (м)	[pól]
canto (m)	угол (м)	[úgɔl]

88. Apartamento. Limpeza

arrumar, limpar (vt)	убирать (нсв, пх)	[ubirátʲ]
guardar (no armário, etc.)	уносить (нсв, пх)	[unɔsítʲ]
pó (m)	пыль (ж)	[pᷟlʲ]
empoeirado	пыльный	[pᷟlʲnij]
limpar o pó	вытирать пыль	[vitirátʲ pᷟlʲ]
aspirador (m)	пылесос (м)	[piɫesós]
aspirar (vt)	пылесосить (нсв, н/пх)	[piɫesósitʲ]
varrer (vt)	подметать (нсв, н/пх)	[pɔdmetátʲ]
sujeira (f)	мусор (м)	[músɔr]
arrumação (f), ordem (f)	порядок (м)	[pɔrʲádɔk]
desordem (f)	беспорядок (м)	[bespɔrʲádɔk]
esfregão (m)	швабра (ж)	[ʃvábra]
pano (m), trapo (m)	тряпка (ж)	[trʲápka]
vassoura (f)	веник (м)	[vénik]
pá (f) de lixo	совок (м) для мусора	[sɔvók dlʲa músɔra]

89. Mobiliário. Interior

mobiliário (m)	мебель (ж)	[mébelʲ]
mesa (f)	стол (м)	[stól]
cadeira (f)	стул (м)	[stúl]
cama (f)	кровать (ж)	[krɔvátʲ]
divã (m)	диван (м)	[diván]
cadeirão (m)	кресло (с)	[kréslɔ]
estante (f)	книжный шкаф (м)	[kníӡnij ʃkáf]
prateleira (f)	полка (ж)	[pólka]
guarda-vestidos (m)	гардероб (м)	[garderób]
cabide (m) de parede	вешалка (ж)	[véʃəlka]

cabide (m) de pé	вешалка (ж)	[véʃəlka]
cómoda (f)	комод (м)	[komód]
mesinha (f) de centro	журнальный столик (м)	[ʒurnálʲnij stólik]

espelho (m)	зеркало (c)	[zérkalɔ]
tapete (m)	ковёр (м)	[kɔvǿr]
tapete (m) pequeno	коврик (м)	[kóvrik]

lareira (f)	камин (м)	[kamín]
vela (f)	свеча (ж)	[svetʃá]
castiçal (m)	подсвечник (м)	[pɔtsvétʃnik]

cortinas (f pl)	шторы (ж мн)	[ʃtóri]
papel (m) de parede	обои (мн)	[ɔbói]
estores (f pl)	жалюзи (мн)	[ʒalʲuzí]

candeeiro (m) de mesa	настольная лампа (ж)	[nastólʲnaja lámpa]
candeeiro (m) de parede	светильник (м)	[svetílʲnik]
candeeiro (m) de pé	торшер (м)	[tɔrʃǽr]
lustre (m)	люстра (ж)	[lʲústra]

pé (de mesa, etc.)	ножка (ж)	[nóʃka]
braço (m)	подлокотник (м)	[pɔdlɔkótnik]
costas (f pl)	спинка (ж)	[spínka]
gaveta (f)	ящик (м)	[jáʃʲik]

90. Quarto de dormir

roupa (f) de cama	постельное бельё (c)	[pɔstélʲnɔe beljǿ]
almofada (f)	подушка (ж)	[pɔdúʃka]
fronha (f)	наволочка (ж)	[návɔlɔtʃka]
cobertor (m)	одеяло (c)	[ɔdejálɔ]
lençol (m)	простыня (ж)	[prɔstinʲá]
colcha (f)	покрывало (c)	[pɔkriválɔ]

91. Cozinha

cozinha (f)	кухня (ж)	[kúhnʲa]
gás (m)	газ (м)	[gás]
fogão (m) a gás	газовая плита (ж)	[gázɔvaja plitá]
fogão (m) elétrico	электроплита (ж)	[ɛléktrɔ·plitá]
forno (m)	духовка (ж)	[duhófka]
forno (m) de micro-ondas	микроволновая печь (ж)	[mikrɔ·vɔlnóvaja pétʃʲ]

frigorífico (m)	холодильник (м)	[hɔlɔdílʲnik]
congelador (m)	морозильник (м)	[mɔrɔzílʲnik]
máquina (f) de lavar louça	посудомоечная машина (ж)	[pɔsúdɔ·móetʃnaja maʃína]

moedor (m) de carne	мясорубка (ж)	[mɪsɔrúpka]
espremedor (m)	соковыжималка (ж)	[sɔkɔ·viʒimálka]
torradeira (f)	тостер (м)	[tóstɛr]
batedeira (f)	миксер (м)	[míkser]

máquina (f) de café	кофеварка (ж)	[kɔfevárka]
cafeteira (f)	кофейник (м)	[kɔféjnik]
moinho (m) de café	кофемолка (ж)	[kɔfemólka]

chaleira (f)	чайник (м)	[ʧájnik]
bule (m)	чайник (м)	[ʧájnik]
tampa (f)	крышка (ж)	[krĩʃka]
coador (m) de chá	ситечко (с)	[sítetʃkɔ]

colher (f)	ложка (ж)	[lóʃka]
colher (f) de chá	чайная ложка (ж)	[ʧájnaja lóʃka]
colher (f) de sopa	столовая ложка (ж)	[stɔlóvaja lóʃka]
garfo (m)	вилка (ж)	[vílka]
faca (f)	нож (м)	[nóʃ]

louça (f)	посуда (ж)	[pɔsúda]
prato (m)	тарелка (ж)	[tarélka]
pires (m)	блюдце (с)	[blʲúʦe]

cálice (m)	рюмка (ж)	[rʲúmka]
copo (m)	стакан (м)	[stakán]
chávena (f)	чашка (ж)	[ʧáʃka]

açucareiro (m)	сахарница (ж)	[sáharniʦa]
saleiro (m)	солонка (ж)	[sɔlónka]
pimenteiro (m)	перечница (ж)	[péreʧniʦa]
manteigueira (f)	маслёнка (ж)	[maslɵnka]

panela, caçarola (f)	кастрюля (ж)	[kastrʲúlʲa]
frigideira (f)	сковородка (ж)	[skɔvɔrótka]
concha (f)	половник (м)	[pɔlóvnik]
passador (m)	дуршлаг (м)	[durʃlág]
bandeja (f)	поднос (м)	[pɔdnós]

garrafa (f)	бутылка (ж)	[butĩlka]
boião (m) de vidro	банка (ж)	[bánka]
lata (f)	банка (ж)	[bánka]

abre-garrafas (m)	открывалка (ж)	[ɔtkriválka]
abre-latas (m)	открывалка (ж)	[ɔtkriválka]
saca-rolhas (m)	штопор (м)	[ʃtópɔr]
filtro (m)	фильтр (м)	[fílʲtr]
filtrar (vt)	фильтровать (нсв, пх)	[filʲtrɔvátʲ]

| lixo (m) | мусор (м) | [músɔr] |
| balde (m) do lixo | мусорное ведро (с) | [músɔrnɔe vedró] |

92. Casa de banho

quarto (m) de banho	ванная комната (ж)	[vánnaja kómnata]
água (f)	вода (ж)	[vɔdá]
torneira (f)	кран (м)	[krán]
água (f) quente	горячая вода (ж)	[gɔrʲáʧaja vɔdá]
água (f) fria	холодная вода (ж)	[hɔlódnaja vɔdá]

pasta (f) de dentes	зубная паста (ж)	[zubnája pásta]
escovar os dentes	чистить зубы	[tʃístitʲ zúbi]
escova (f) de dentes	зубная щётка (ж)	[zubnája ʃʲǿtka]

barbear-se (vr)	бриться (нсв, возв)	[brítsa]
espuma (f) de barbear	пена (ж) для бритья	[péna dlʲa britjá]
máquina (f) de barbear	бритва (ж)	[brítva]

lavar (vt)	мыть (нсв, пх)	[mĩtʲ]
lavar-se (vr)	мыться (нсв, возв)	[mĩtsa]
duche (m)	душ (м)	[dúʃ]
tomar um duche	принимать душ	[prinimátʲ dúʃ]

banheira (f)	ванна (ж)	[vánna]
sanita (f)	унитаз (м)	[unitás]
lavatório (m)	раковина (ж)	[rákɔvina]

| sabonete (m) | мыло (с) | [mĩlɔ] |
| saboneteira (f) | мыльница (ж) | [mĩlʲnitsa] |

esponja (f)	губка (ж)	[gúpka]
champô (m)	шампунь (м)	[ʃampúnʲ]
toalha (f)	полотенце (с)	[pɔlɔténtse]
roupão (m) de banho	халат (м)	[halát]

lavagem (f)	стирка (ж)	[stírka]
máquina (f) de lavar	стиральная машина (ж)	[stirálʲnaja maʃína]
lavar a roupa	стирать бельё	[stirátʲ beljǿ]
detergente (m)	стиральный порошок (м)	[stirálʲnij pɔrɔʃók]

93. Eletrodomésticos

televisor (m)	телевизор (м)	[televízɔr]
gravador (m)	магнитофон (м)	[magnitɔfón]
videogravador (m)	видеомагнитофон (м)	[vídeo·magnitɔfón]
rádio (m)	приёмник (м)	[prijómnik]
leitor (m)	плеер (м)	[plǽjer]

projetor (m)	видеопроектор (м)	[vídeo·prɔǽktɔr]
cinema (m) em casa	домашний кинотеатр (м)	[dɔmáʃnij kinɔteátr]
leitor (m) de DVD	DVD проигрыватель (м)	[di·vi·dí prɔígrivatelʲ]
amplificador (m)	усилитель (м)	[usilítelʲ]
console (f) de jogos	игровая приставка (ж)	[igrɔvája pristáfka]

câmara (f) de vídeo	видеокамера (ж)	[vídeo·kámera]
máquina (f) fotográfica	фотоаппарат (м)	[foto·aparát]
câmara (f) digital	цифровой фотоаппарат (м)	[tsifrɔvój fotoaparát]

aspirador (m)	пылесос (м)	[pilesós]
ferro (m) de engomar	утюг (м)	[utʲúg]
tábua (f) de engomar	гладильная доска (ж)	[gladílʲnaja dɔská]
telefone (m)	телефон (м)	[telefón]
telemóvel (m)	мобильный телефон (м)	[mɔbílʲnij telefón]

máquina (f) de costura	швейная машинка (ж)	[ʃvejnaja maʃínka]
microfone (m)	микрофон (м)	[mikrɔfón]
auscultadores (m pl)	наушники (м мн)	[naúʃniki]
controlo remoto (m)	пульт (м)	[púlʲt]

CD (m)	компакт-диск (м)	[kɔmpákt-dísk]
cassete (f)	кассета (ж)	[kaséta]
disco (m) de vinil	пластинка (ж)	[plastínka]

94. Reparações. Renovação

renovação (f)	ремонт (м)	[remónt]
renovar (vt), fazer obras	делать ремонт	[délatʲ remónt]
reparar (vt)	ремонтировать (нсв, пх)	[remɔntírɔvatʲ]
consertar (vt)	приводить в порядок	[privɔdítʲ f pɔrʲádɔk]
refazer (vt)	переделывать (нсв, пх)	[peredélivatʲ]

tinta (f)	краска (ж)	[kráska]
pintar (vt)	красить (нсв, пх)	[krásitʲ]
pintor (m)	маляр (м)	[malʲár]
pincel (m)	кисть (ж)	[kístʲ]

cal (f)	побелка (ж)	[pɔbélka]
caiar (vt)	белить (нсв, пх)	[belítʲ]

papel (m) de parede	обои (мн)	[ɔbói]
colocar papel de parede	оклеить обоями	[ɔkléitʲ ɔbójɨmi]
verniz (m)	лак (м)	[lák]
envernizar (vt)	покрывать лаком	[pɔkrivátʲ lákɔm]

95. Canalizações

água (f)	вода (ж)	[vɔdá]
água (f) quente	горячая вода (ж)	[gɔrʲátʃaja vɔdá]
água (f) fria	холодная вода (ж)	[hɔlódnaja vɔdá]
torneira (f)	кран (м)	[krán]

gota (f)	капля (ж)	[káplʲa]
gotejar (vi)	капать (нсв, нпх)	[kápatʲ]
vazar (vt)	течь (нсв, нпх)	[tétʃʲ]
vazamento (m)	течь (ж)	[tétʃʲ]
poça (f)	лужа (ж)	[lúʒa]

tubo (m)	труба (ж)	[trubá]
válvula (f)	вентиль (м)	[véntilʲ]
entupir-se (vr)	засориться (св, возв)	[zasɔrítsa]

ferramentas (f pl)	инструменты (м мн)	[instruménti]
chave (f) inglesa	разводной ключ (м)	[razvɔdnój klʲútʃ]
desenroscar (vt)	открутить (св, пх)	[ɔtkrutítʲ]
enroscar (vt)	закрутить (св, пх)	[zakrutítʲ]
desentupir (vt)	прочищать (нсв, пх)	[prɔtʃiʃátʲ]

canalizador (m)	сантехник (м)	[santéhnik]
cave (f)	подвал (м)	[pɔdvál]
sistema (m) de esgotos	канализация (ж)	[kanalizátsija]

96. Fogo. Deflagração

incêndio (m)	пожар (м)	[pɔʒár]
chama (f)	пламя (ж)	[plámʲa]
faísca (f)	искра (ж)	[ískra]
fumo (m)	дым (м)	[dīm]
tocha (f)	факел (м)	[fákel]
fogueira (f)	костёр (м)	[kɔstǿr]

gasolina (f)	бензин (м)	[benzín]
querosene (m)	керосин (м)	[kerɔsín]
inflamável	горючий	[gɔrʲútʃij]
explosivo	взрывоопасный	[vzrivɔ·ɔpásnij]
PROIBIDO FUMAR!	НЕ КУРИТЬ!	[ne kurítʲ]

segurança (f)	безопасность (ж)	[bezɔpásnostʲ]
perigo (m)	опасность (ж)	[ɔpásnostʲ]
perigoso	опасный	[ɔpásnij]

incendiar-se (vr)	загореться (св, возв)	[zagɔrétsa]
explosão (f)	взрыв (м)	[vzrīf]
incendiar (vt)	поджечь (св, пх)	[pɔdʒǽtʃʲ]
incendiário (m)	поджигатель (м)	[pɔdʒigátelʲ]
incêndio (m) criminoso	поджог (м)	[pɔdʒóg]

arder (vi)	пылать (нсв, нпх)	[pɨlátʲ]
queimar (vi)	гореть (нсв, нпх)	[gɔrétʲ]
queimar tudo (vi)	сгореть (св, нпх)	[sgɔrétʲ]

chamar os bombeiros	вызвать пожарных	[vīzvatʲ pɔʒárnih]
bombeiro (m)	пожарный (м)	[pɔʒárnij]
carro (m) de bombeiros	пожарная машина (ж)	[pɔʒárnaja maʃína]
corpo (m) de bombeiros	пожарная команда (ж)	[pɔʒárnaja kɔmánda]
escada (f) extensível	пожарная лестница (ж)	[pɔʒárnaja lésnitsa]

mangueira (f)	шланг (м)	[ʃláng]
extintor (m)	огнетушитель (м)	[ɔgnetuʃítelʲ]
capacete (m)	каска (ж)	[káska]
sirene (f)	сирена (ж)	[siréna]

gritar (vi)	кричать (нсв, нпх)	[kritʃátʲ]
chamar por socorro	звать на помощь	[zvátʲ na pómɔʃʲ]
salvador (m)	спасатель (м)	[spasátelʲ]
salvar, resgatar (vt)	спасать (нсв, пх)	[spasátʲ]

chegar (vi)	приехать (св, нпх)	[priéhatʲ]
apagar (vt)	тушить (нсв, пх)	[tuʃítʲ]
água (f)	вода (ж)	[vɔdá]
areia (f)	песок (м)	[pesók]
ruínas (f pl)	руины (мн)	[ruíni]

ruir (vi)	**рухнуть** (св, нпх)	[rúhnutʲ]
desmoronar (vi)	**обвалиться** (св, возв)	[ɔbvalítsa]
desabar (vi)	**обрушиться** (св, возв)	[ɔbrúʃitsa]
fragmento (m)	**обломок** (м)	[ɔblómɔk]
cinza (f)	**пепел** (м)	[pépel]
sufocar (vi)	**задохнуться** (св, возв)	[zadɔhnútsa]
perecer (vi)	**погибнуть** (св, нпх)	[pɔgíbnutʲ]

ATIVIDADES HUMANAS

Emprego. Negócios. Parte 1

97. Banca

banco (m)	банк (м)	[bánk]
sucursal, balcão (f)	отделение (с)	[ɔtdelénie]
consultor (m)	консультант (м)	[kɔnsulʲtánt]
gerente (m)	управляющий (м)	[upravlʲájuʃij]
conta (f)	счёт (м)	[ʃɵt]
número (m) da conta	номер (м) счёта	[nómer ʃɵta]
conta (f) corrente	текущий счёт (м)	[tekúʃʲij ʃɵt]
conta (f) poupança	накопительный счёт (м)	[nakɔpítelʲnij ʃɵt]
abrir uma conta	открыть счёт	[ɔtkrītʲ ʃɵt]
fechar uma conta	закрыть счёт	[zakrītʲ ʃɵt]
depositar na conta	положить на счёт	[pɔlɔʒītʲ na ʃɵt]
levantar (vt)	снять со счёта	[snʲátʲ sɔ ʃɵta]
depósito (m)	вклад (м)	[fklád]
fazer um depósito	сделать вклад	[zdélatʲ fklád]
transferência (f) bancária	перевод (м)	[perevód]
transferir (vt)	сделать перевод	[zdélatʲ perevód]
soma (f)	сумма (ж)	[súmma]
Quanto?	Сколько?	[skólʲkɔ?]
assinatura (f)	подпись (ж)	[pótpisʲ]
assinar (vt)	подписать (св, пх)	[pɔtpisátʲ]
cartão (m) de crédito	кредитная карта (ж)	[kredítnaja kárta]
código (m)	код (м)	[kód]
número (m)	номер (м)	[nómer
do cartão de crédito	кредитной карты	kredítnɔj kárti]
Caixa Multibanco (m)	банкомат (м)	[bankɔmát]
cheque (m)	чек (м)	[ʧék]
passar um cheque	выписать чек	[vīpisatʲ ʧék]
livro (m) de cheques	чековая книжка (ж)	[ʧékɔvaja kníʃka]
empréstimo (m)	кредит (м)	[kredít]
pedir um empréstimo	обращаться за кредитом	[ɔbraʃátsa za kredítɔm]
obter um empréstimo	брать кредит	[brátʲ kredít]
conceder um empréstimo	предоставлять кредит	[predɔstavlʲátʲ kredít]
garantia (f)	гарантия (ж)	[garántija]

98. Telefone. Conversação telefónica

telefone (m)	телефон (м)	[telefón]
telemóvel (m)	мобильный телефон (м)	[mobílʲnij telefón]
secretária (f) electrónica	автоответчик (м)	[áftɔ·ɔtvéttʃik]
fazer uma chamada	звонить (нсв, н/пх)	[zvɔnítʲ]
chamada (f)	звонок (м)	[zvɔnók]
marcar um número	набрать номер	[nabrátʲ nómer]
Alô!	Алло!	[aló]
perguntar (vt)	спросить (св, пх)	[sprɔsítʲ]
responder (vt)	ответить (св, пх)	[ɔtvétitʲ]
ouvir (vt)	слышать (нсв, пх)	[slĩʃatʲ]
bem	хорошо	[hɔrɔʃó]
mal	плохо	[plóhɔ]
ruído (m)	помехи (ж мн)	[pɔméhi]
auscultador (m)	трубка (ж)	[trúpka]
pegar o telefone	снять трубку	[snʲátʲ trúpku]
desligar (vi)	положить трубку	[pɔlɔʒĩtʲ trúpku]
ocupado	занятый	[zánɪtij]
tocar (vi)	звонить (нсв, нпх)	[zvɔnítʲ]
lista (f) telefónica	телефонная книга (ж)	[telefónnaja kníga]
local	местный	[mésnij]
chamada (f) local	местный звонок (м)	[mésnij zvɔnók]
de longa distância	междугородний	[meʒdugɔródnij]
chamada (f) de longa distância	междугородний звонок (м)	[meʒdugɔródnij zvɔnók]
internacional	международный	[meʒdunaródnij]
chamada (f) internacional	международный звонок	[meʒdunaródnij zvɔnók]

99. Telefone móvel

telemóvel (m)	мобильный телефон (м)	[mobílʲnij telefón]
ecrã (m)	дисплей (м)	[displǽj]
botão (m)	кнопка (ж)	[knópka]
cartão SIM (m)	SIM-карта (ж)	[sim-kárta]
bateria (f)	батарея (ж)	[bataréja]
descarregar-se	разрядиться (св, возв)	[razrɪdítsa]
carregador (m)	зарядное устройство (с)	[zarʲádnɔe ustrójstvɔ]
menu (m)	меню (с)	[menʲú]
definições (f pl)	настройки (ж мн)	[nastrójki]
melodia (f)	мелодия (ж)	[melódija]
escolher (vt)	выбрать (св, пх)	[vĩbratʲ]
calculadora (f)	калькулятор (м)	[kalʲkulʲátɔr]
correio (m) de voz	голосовая почта (ж)	[gɔlɔsɔvája pótʃta]

despertador (m)	будильник (м)	[budíl'nik]
contatos (m pl)	телефонная книга (ж)	[telefónnaja kníga]
mensagem (f) de texto	SMS-сообщение (c)	[εs·εm·ǽs-sɔɔpʃénie]
assinante (m)	абонент (м)	[abɔnént]

100. Estacionário

caneta (f)	шариковая ручка (ж)	[ʃárikɔvaja rútʃka]
caneta (f) tinteiro	перьевая ручка (ж)	[perjevája rútʃka]
lápis (m)	карандаш (м)	[karandáʃ]
marcador (m)	маркер (м)	[márker]
caneta (f) de feltro	фломастер (м)	[flɔmáster]
bloco (m) de notas	блокнот (м)	[blɔknót]
agenda (f)	ежедневник (м)	[eʒednévnik]
régua (f)	линейка (ж)	[linéjka]
calculadora (f)	калькулятор (м)	[kal'kul'átɔr]
borracha (f)	ластик (м)	[lástik]
pionés (m)	кнопка (ж)	[knópka]
clipe (m)	скрепка (ж)	[skrépka]
cola (f)	клей (м)	[kléj]
agrafador (m)	степлер (м)	[stǽpler]
furador (m)	дырокол (м)	[dirɔkól]
afia-lápis (m)	точилка (ж)	[tɔtʃílka]

Emprego. Negócios. Parte 2

101. Media

jornal (m)	газета (ж)	[gazéta]
revista (f)	журнал (м)	[ʒurnál]
imprensa (f)	пресса (ж)	[présa]
rádio (m)	радио (c)	[rádiɔ]
estação (f) de rádio	радиостанция (ж)	[radiɔ·stántsija]
televisão (f)	телевидение (c)	[televídenje]
apresentador (m)	ведущий (м)	[vedúʃij]
locutor (m)	диктор (м)	[díktɔr]
comentador (m)	комментатор (м)	[kɔmentátɔr]
jornalista (m)	журналист (м)	[ʒurnalíst]
correspondente (m)	корреспондент (м)	[kɔrespɔndént]
repórter (m) fotográfico	фотокорреспондент (м)	[fɔtɔ·kɔrespɔndént]
repórter (m)	репортёр (м)	[repɔrtǿr]
redator (m)	редактор (м)	[redáktɔr]
redator-chefe (m)	главный редактор (м)	[glávnij redáktɔr]
assinar a ...	подписаться (св, возв)	[pɔtpisátsa]
assinatura (f)	подписка (ж)	[pɔtpíska]
assinante (m)	подписчик (м)	[pɔtpíʃik]
ler (vt)	читать (нсв, н/пх)	[tʃitátʲ]
leitor (m)	читатель (м)	[tʃitátelʲ]
tiragem (f)	тираж (м)	[tiráʃ]
mensal	ежемесячный	[eʒemésɪtʃnij]
semanal	еженедельный	[eʒenedélʲnij]
número (jornal, revista)	номер (м)	[nómer]
recente	свежий	[svéʒij]
manchete (f)	заголовок (м)	[zagɔlóvɔk]
pequeno artigo (m)	заметка (ж)	[zamétka]
coluna (~ semanal)	рубрика (ж)	[rúbrika]
artigo (m)	статья (ж)	[statjá]
página (f)	страница (ж)	[stranítsa]
reportagem (f)	репортаж (м)	[repɔrtáʃ]
evento (m)	событие (c)	[sɔbĩtie]
sensação (f)	сенсация (ж)	[sensátsija]
escândalo (m)	скандал (м)	[skandál]
escandaloso	скандальный	[skandálʲnij]
grande	громкий	[grómkij]
programa (m) de TV	передача (ж)	[peredátʃa]
entrevista (f)	интервью (c)	[intɛrvjú]

| transmissão (f) em direto | прямая трансляция (ж) | [prɪmája translʲátsɪja] |
| canal (m) | канал (м) | [kanál] |

102. Agricultura

agricultura (f)	сельское хозяйство (с)	[sélʲskɔe hɔzʲájstvɔ]
camponês (m)	крестьянин (м)	[krestjánin]
camponesa (f)	крестьянка (ж)	[krestjánka]
agricultor (m)	фермер (м)	[férmer]

| trator (m) | трактор (м) | [tráktɔr] |
| ceifeira-debulhadora (f) | комбайн (м) | [kɔmbájn] |

arado (m)	плуг (м)	[plúg]
arar (vt)	пахать (нсв, н/пх)	[pahátʲ]
campo (m) lavrado	пашня (ж)	[páʃnʲa]
rego (m)	борозда (ж)	[bɔrɔzdá]

semear (vt)	сеять (нсв, пх)	[séjatʲ]
semeadora (f)	сеялка (ж)	[séjalka]
semeadura (f)	посев (м)	[pɔséf]

| gadanha (f) | коса (ж) | [kɔsá] |
| gadanhar (vt) | косить (нсв, н/пх) | [kɔsítʲ] |

| pá (f) | лопата (ж) | [lɔpáta] |
| cavar (vt) | копать (нсв, пх) | [kɔpátʲ] |

enxada (f)	тяпка (ж)	[tʲápka]
carpir (vt)	полоть (нсв, пх)	[pɔlótʲ]
erva (f) daninha	сорняк (м)	[sɔrnʲák]

regador (m)	лейка (ж)	[léjka]
regar (vt)	поливать (нсв, пх)	[pɔlivátʲ]
rega (f)	полив (м)	[pɔlíf]

| forquilha (f) | вилы (мн) | [víli] |
| ancinho (m) | грабли (мн) | [grábli] |

fertilizante (m)	удобрение (с)	[udɔbrénie]
fertilizar (vt)	удобрять (нсв, пх)	[udɔbrʲátʲ]
estrume (m)	навоз (м)	[navós]

campo (m)	поле (с)	[póle]
prado (m)	луг (м)	[lúg]
horta (f)	огород (м)	[ɔgɔród]
pomar (m)	сад (м)	[sád]

pastar (vt)	пасти (нсв, пх)	[pastí]
pastor (m)	пастух (м)	[pastúh]
pastagem (f)	пастбище (с)	[pázbiʃe]

| pecuária (f) | животноводство (с) | [ʒivɔtnɔvótstvɔ] |
| criação (f) de ovelhas | овцеводство (с) | [ɔftsɛvótstvɔ] |

plantação (f)	плантация (ж)	[plantátsija]
canteiro (m)	грядка (ж)	[grʲátka]
invernadouro (m)	парник (м)	[parník]

| seca (f) | засуха (ж) | [zásuha] |
| seco (verão ~) | засушливый | [zasúʃlivij] |

cereal (m)	зерно (c)	[zernó]
cereais (m pl)	зерновые (мн)	[zernɔvɨje]
colher (vt)	убирать (нсв, пх)	[ubirátʲ]

moleiro (m)	мельник (м)	[mélʲnik]
moinho (m)	мельница (ж)	[mélʲnitsa]
moer (vt)	молоть (нсв, пх)	[mɔlótʲ]
farinha (f)	мука (ж)	[muká]
palha (f)	солома (ж)	[sɔlóma]

103. Construção. Processo de construção

canteiro (m) de obras	стройка (ж)	[strójka]
construir (vt)	строить (нсв, пх)	[stróitʲ]
construtor (m)	строитель (м)	[strɔítelʲ]

projeto (m)	проект (м)	[prɔǽkt]
arquiteto (m)	архитектор (м)	[arhitéktɔr]
operário (m)	рабочий (м)	[rabótʃij]

fundação (f)	фундамент (м)	[fundáment]
telhado (m)	крыша (ж)	[krɨ̄ʃa]
estaca (f)	свая (ж)	[svája]
parede (f)	стена (ж)	[stená]

| varões (m pl) para betão | арматура (ж) | [armatúra] |
| andaime (m) | строительные леса (мн) | [strɔítelʲnie lesá] |

betão (m)	бетон (м)	[betón]
granito (m)	гранит (м)	[granít]
pedra (f)	камень (м)	[kámenʲ]
tijolo (m)	кирпич (м)	[kirpítʃ]

areia (f)	песок (м)	[pesók]
cimento (m)	цемент (м)	[tsɛmént]
emboço (m)	штукатурка (ж)	[ʃtukatúrka]
emboçar (vt)	штукатурить (нсв, пх)	[ʃtukatúritʲ]

tinta (f)	краска (ж)	[kráska]
pintar (vt)	красить (нсв, пх)	[krásitʲ]
barril (m)	бочка (ж)	[bótʃka]

grua (f), guindaste (m)	кран (м)	[krán]
erguer (vt)	поднимать (нсв, пх)	[pɔdnimátʲ]
baixar (vt)	опускать (нсв, пх)	[ɔpuskátʲ]
buldózer (m)	бульдозер (м)	[bulʲdózer]
escavadora (f)	экскаватор (м)	[ɛkskavátɔr]

caçamba (f)	ковш (м)	[kóvʃ]
escavar (vt)	копать (нсв, пх)	[kɔpátʲ]
capacete (m) de proteção	каска (ж)	[káska]

Profissões e ocupações

trabalho (m)	работа (ж)	[rabóta]
equipa (f)	сотрудники (мн)	[sɔtrúdniki]
pessoal (m)	персонал (м)	[persɔnál]
carreira (f)	карьера (ж)	[karjéra]
perspetivas (f pl)	перспектива (ж)	[perspektíva]
mestria (f)	мастерство (с)	[masterstvó]
seleção (f)	подбор (м)	[pɔdbór]
agência (f) de emprego	кадровое агентство (с)	[kádrɔvɔe agénstvɔ]
CV, currículo (m)	резюме (с)	[rezʲumé]
entrevista (f) de emprego	собеседование (с)	[sɔbesédɔvanie]
vaga (f)	вакансия (ж)	[vakánsija]
salário (m)	зарплата (ж)	[zarpláta]
salário (m) fixo	оклад (м)	[ɔklád]
pagamento (m)	оплата (ж)	[ɔpláta]
posto (m)	должность (ж)	[dólʒnɔstʲ]
dever (do empregado)	обязанность (ж)	[obʲázanɔstʲ]
gama (f) de deveres	круг (м)	[krúg]
ocupado	занятой	[zanɪtój]
despedir, demitir (vt)	уволить (св, пх)	[uvólitʲ]
demissão (f)	увольнение (с)	[uvɔlʲnénie]
desemprego (m)	безработица (ж)	[bezrabótiʦa]
desempregado (m)	безработный (м)	[bezrabótnij]
reforma (f)	пенсия (ж)	[pénsija]
reformar-se	уйти на пенсию	[ujtí na pénsiju]

diretor (m)	директор (м)	[diréktɔr]
gerente (m)	управляющий (м)	[upravlʲájuʃij]
patrão, chefe (m)	руководитель, шеф (м)	[rukɔvɔdítelʲ], [ʃæf]
superior (m)	начальник (м)	[natʃálʲnik]
superiores (m pl)	начальство (с)	[natʃálʲstvɔ]
presidente (m)	президент (м)	[prezidént]
presidente (m) de direção	председатель (м)	[pretsedátelʲ]
substituto (m)	заместитель (м)	[zamestítelʲ]
assistente (m)	помощник (м)	[pɔmóʃnik]

| secretário (m) | секретарь (м) | [sekretári] |
| secretário (m) pessoal | личный секретарь (м) | [lítʃnij sekretári] |

homem (m) de negócios	бизнесмен (м)	[biznɛsmén]
empresário (m)	предприниматель (м)	[pretprinimátelʲ]
fundador (m)	основатель (м)	[ɔsnɔvátelʲ]
fundar (vt)	основать (св, пх)	[ɔsnɔvátʲ]

fundador, sócio (m)	учредитель (м)	[utʃredítelʲ]
parceiro, sócio (m)	партнёр (м)	[partnǿr]
acionista (m)	акционер (м)	[aktsiɔnér]

milionário (m)	миллионер (м)	[miliɔnér]
bilionário (m)	миллиардер (м)	[miliardér]
proprietário (m)	владелец (м)	[vladélets]
proprietário (m) de terras	землевладелец (м)	[zemle·vladélets]

cliente (m)	клиент (м)	[kliént]
cliente (m) habitual	постоянный клиент (м)	[pɔstɔjánnij kliént]
comprador (m)	покупатель (м)	[pɔkupátelʲ]
visitante (m)	посетитель (м)	[pɔsetítelʲ]

profissional (m)	профессионал (м)	[prɔfesiɔnál]
perito (m)	эксперт (м)	[ɛkspért]
especialista (m)	специалист (м)	[spetsialíst]

| banqueiro (m) | банкир (м) | [bankír] |
| corretor (m) | брокер (м) | [bróker] |

caixa (m, f)	кассир (м)	[kassír]
contabilista (m)	бухгалтер (м)	[buhgálter]
guarda (m)	охранник (м)	[ɔhránnik]

investidor (m)	инвестор (м)	[invéstɔr]
devedor (m)	должник (м)	[dɔlʒník]
credor (m)	кредитор (м)	[kreditór]
mutuário (m)	заёмщик (м)	[zajómʃik]

| importador (m) | импортёр (м) | [impɔrtǿr] |
| exportador (m) | экспортёр (м) | [ɛkspɔrtǿr] |

produtor (m)	производитель (м)	[prɔizvɔdítelʲ]
distribuidor (m)	дистрибьютор (м)	[distribjútɔr]
intermediário (m)	посредник (м)	[pɔsrédnik]

consultor (m)	консультант (м)	[kɔnsulʲtánt]
representante (m)	представитель (м)	[pretstavítelʲ]
agente (m)	агент (м)	[agént]
agente (m) de seguros	страховой агент (м)	[strahɔvój agént]

106. Profissões de serviços

| cozinheiro (m) | повар (м) | [póvar] |
| cozinheiro chefe (m) | шеф-повар (м) | [ʃǽf-póvar] |

padeiro (m)	пекарь (м)	[pékarʲ]
barman (m)	бармен (м)	[bármɛn]
empregado (m) de mesa	официант (м)	[ɔfitsiánt]
empregada (f) de mesa	официантка (ж)	[ɔfitsiántka]

advogado (m)	адвокат (м)	[advɔkát]
jurista (m)	юрист (м)	[juríst]
notário (m)	нотариус (м)	[nɔtárius]

eletricista (m)	электрик (м)	[ɛléktrik]
canalizador (m)	сантехник (м)	[santéhnik]
carpinteiro (m)	плотник (м)	[plótnik]

massagista (m)	массажист (м)	[masaʒīst]
massagista (f)	массажистка (ж)	[masaʒīstka]
médico (m)	врач (м)	[vrátʃ]

taxista (m)	таксист (м)	[taksíst]
condutor (automobilista)	шофёр (м)	[ʃɔfǿr]
entregador (m)	курьер (м)	[kurjér]

camareira (f)	горничная (ж)	[górnitʃnaja]
guarda (m)	охранник (м)	[ɔhránnik]
hospedeira (f) de bordo	стюардесса (ж)	[stʲuardǽsa]

professor (m)	учитель (м)	[utʃítelʲ]
bibliotecário (m)	библиотекарь (м)	[bibliɔtékarʲ]
tradutor (m)	переводчик (м)	[perevóttʃik]
intérprete (m)	переводчик (м)	[perevóttʃik]
guia (pessoa)	гид (м)	[gíd]

cabeleireiro (m)	парикмахер (м)	[parikmáher]
carteiro (m)	почтальон (м)	[pɔtʃtaljón]
vendedor (m)	продавец (м)	[prɔdavéts]

jardineiro (m)	садовник (м)	[sadóvnik]
criado (m)	слуга (ж)	[slugá]
criada (f)	служанка (ж)	[sluʒánka]
empregada (f) de limpeza	уборщица (ж)	[ubórʃʲitsa]

107. Profissões militares e postos

soldado (m) raso	рядовой (м)	[rɪdɔvój]
sargento (m)	сержант (м)	[serʒánt]
tenente (m)	лейтенант (м)	[lejtenánt]
capitão (m)	капитан (м)	[kapitán]

major (m)	майор (м)	[majór]
coronel (m)	полковник (м)	[pɔlkóvnik]
general (m)	генерал (м)	[generál]
marechal (m)	маршал (м)	[márʃal]
almirante (m)	адмирал (м)	[admirál]
militar (m)	военный (м)	[vɔénnij]
soldado (m)	солдат (м)	[sɔldát]

oficial (m)	офицер (м)	[ɔfitsǽr]
comandante (m)	командир (м)	[kɔmandír]

guarda (m) fronteiriço	пограничник (м)	[pɔgranítʃnik]
operador (m) de rádio	радист (м)	[radíst]
explorador (m)	разведчик (м)	[razvéttʃik]
sapador (m)	сапёр (м)	[sapǿr]
atirador (m)	стрелок (м)	[strelók]
navegador (m)	штурман (м)	[ʃtúrman]

108. Oficiais. Padres

rei (m)	король (м)	[kɔrólʲ]
rainha (f)	королева (ж)	[kɔrɔléva]

príncipe (m)	принц (м)	[prínts]
princesa (f)	принцесса (ж)	[printsǽsa]

czar (m)	царь (м)	[tsárʲ]
czarina (f)	царица (ж)	[tsarítsa]

presidente (m)	президент (м)	[prezidént]
ministro (m)	министр (м)	[minístr]
primeiro-ministro (m)	премьер-министр (м)	[premjér-minístr]
senador (m)	сенатор (м)	[senátɔr]

diplomata (m)	дипломат (м)	[diplɔmát]
cônsul (m)	консул (м)	[kónsul]
embaixador (m)	посол (м)	[pɔsól]
conselheiro (m)	советник (м)	[sɔvétnik]

funcionário (m)	чиновник (м)	[tʃinóvnik]
prefeito (m)	префект (м)	[prefékt]
Presidente (m) da Câmara	мэр (м)	[mǽr]

juiz (m)	судья (ж)	[sudjá]
procurador (m)	прокурор (м)	[prɔkurór]

missionário (m)	миссионер (м)	[misiɔnér]
monge (m)	монах (м)	[mɔnáh]
abade (m)	аббат (м)	[abát]
rabino (m)	раввин (м)	[ravín]

vizir (m)	визирь (м)	[vizírʲ]
xá (m)	шах (м)	[ʃáh]
xeque (m)	шейх (м)	[ʃǽjh]

109. Profissões agrícolas

apicultor (m)	пчеловод (м)	[ptʃelɔvód]
pastor (m)	пастух (м)	[pastúh]
agrónomo (m)	агроном (м)	[agrɔnóm]

| criador (m) de gado | животновод (м) | [ʒivɔtnɔvód] |
| veterinário (m) | ветеринар (м) | [veterinár] |

agricultor (m)	фермер (м)	[férmer]
vinicultor (m)	винодел (м)	[vinɔdél]
zoólogo (m)	зоолог (м)	[zɔólɔg]
cowboy (m)	ковбой (м)	[kɔvbój]

110. Profissões artísticas

| ator (m) | актёр (м) | [aktǿr] |
| atriz (f) | актриса (ж) | [aktrísa] |

| cantor (m) | певец (м) | [pevéts] |
| cantora (f) | певица (ж) | [pevítsa] |

| bailarino (m) | танцор (м) | [tantsór] |
| bailarina (f) | танцовщица (ж) | [tantsófʃitsa] |

| artista (m) | артист (м) | [artíst] |
| artista (f) | артистка (ж) | [artístka] |

músico (m)	музыкант (м)	[muzikánt]
pianista (m)	пианист (м)	[pianíst]
guitarrista (m)	гитарист (м)	[gitaríst]

maestro (m)	дирижёр (м)	[diriʒór]
compositor (m)	композитор (м)	[kɔmpɔzítɔr]
empresário (m)	импресарио (м)	[impresáriɔ]

realizador (m)	режиссёр (м)	[reʒisǿr]
produtor (m)	продюсер (м)	[prɔdʲúsɛr]
argumentista (m)	сценарист (м)	[stsɛnaríst]
crítico (m)	критик (м)	[krítik]

escritor (m)	писатель (м)	[pisátelʲ]
poeta (m)	поэт (м)	[pɔǽt]
escultor (m)	скульптор (м)	[skúlʲptɔr]
pintor (m)	художник (м)	[hudóʒnik]

malabarista (m)	жонглёр (м)	[ʒɔnglǿr]
palhaço (m)	клоун (м)	[klóun]
acrobata (m)	акробат (м)	[akrɔbát]
mágico (m)	фокусник (м)	[fókusnik]

111. Várias profissões

médico (m)	врач (м)	[vrátʃ]
enfermeira (f)	медсестра (ж)	[metsestrá]
psiquiatra (m)	психиатр (м)	[psihiátr]
estomatologista (m)	стоматолог (м)	[stɔmatólɔg]
cirurgião (m)	хирург (м)	[hirúrg]

| astronauta (m) | астронавт (м) | [astrɔnávt] |
| astrónomo (m) | астроном (м) | [astrɔnóm] |

motorista (m)	водитель (м)	[vɔdítelʲ]
maquinista (m)	машинист (м)	[maʃiníst]
mecânico (m)	механик (м)	[mehánik]

mineiro (m)	шахтёр (м)	[ʃahtǿr]
operário (m)	рабочий (м)	[rabótʃij]
serralheiro (m)	слесарь (м)	[slésarʲ]
marceneiro (m)	столяр (м)	[stɔlʲár]
torneiro (m)	токарь (м)	[tókarʲ]
construtor (m)	строитель (м)	[strɔítelʲ]
soldador (m)	сварщик (м)	[svárʃik]

professor (m) catedrático	профессор (м)	[prɔfésɔr]
arquiteto (m)	архитектор (м)	[arhitéktɔr]
historiador (m)	историк (м)	[istórik]
cientista (m)	учёный (м)	[utʃónij]
físico (m)	физик (м)	[fízik]
químico (m)	химик (м)	[hímik]

arqueólogo (m)	археолог (м)	[arheólɔg]
geólogo (m)	геолог (м)	[geólɔg]
pesquisador (cientista)	исследователь (м)	[islédɔvatelʲ]

| babysitter (f) | няня (ж) | [nʲánʲa] |
| professor (m) | учитель (м) | [utʃítelʲ] |

redator (m)	редактор (м)	[redáktɔr]
redator-chefe (m)	главный редактор (м)	[glávnij redáktɔr]
correspondente (m)	корреспондент (м)	[kɔrespɔndént]
datilógrafa (f)	машинистка (ж)	[maʃinístka]

designer (m)	дизайнер (м)	[dizájner]
especialista (m) em informática	компьютерщик (м)	[kɔmpjútɛrʃik]
programador (m)	программист (м)	[prɔgramíst]
engenheiro (m)	инженер (м)	[inʒenér]

marujo (m)	моряк (м)	[mɔrʲák]
marinheiro (m)	матрос (м)	[matrós]
salvador (m)	спасатель (м)	[spasátelʲ]

bombeiro (m)	пожарный (м)	[pɔʒárnij]
polícia (m)	полицейский (м)	[pɔlitsæjskij]
guarda-noturno (m)	сторож (м)	[stórɔʃ]
detetive (m)	сыщик (м)	[sɨʃik]

funcionário (m) da alfândega	таможенник (м)	[tamóʒenik]
guarda-costas (m)	телохранитель (м)	[telɔhranítelʲ]
guarda (m) prisional	охранник (м)	[ɔhránnik]
inspetor (m)	инспектор (м)	[inspéktɔr]

| desportista (m) | спортсмен (м) | [spɔrtsmén] |
| treinador (m) | тренер (м) | [tréner] |

talhante (m)	мясник (м)	[mısník]
sapateiro (m)	сапожник (м)	[sapóʒnik]
comerciante (m)	коммерсант (м)	[komersánt]
carregador (m)	грузчик (м)	[grúʃik]

| estilista (m) | модельер (м) | [mɔdɛljér] |
| modelo (f) | модель (ж) | [mɔdǽlʲ] |

112. Ocupações. Estatuto social

| aluno, escolar (m) | школьник (м) | [ʃkólʲnik] |
| estudante (~ universitária) | студент (м) | [studént] |

filósofo (m)	философ (м)	[filósɔf]
economista (m)	экономист (м)	[ɛkɔnɔmíst]
inventor (m)	изобретатель (м)	[izɔbretátelʲ]

desempregado (m)	безработный (м)	[bezrabótnij]
reformado (m)	пенсионер (м)	[pensiɔnér]
espião (m)	шпион (м)	[ʃpión]

preso (m)	заключённый (м)	[zaklʲutʃónnij]
grevista (m)	забастовщик (м)	[zabastófʃik]
burocrata (m)	бюрократ (м)	[bʲurɔkrát]
viajante (m)	путешественник (м)	[puteʃǽstvenik]

homossexual (m)	гомосексуалист (м)	[gɔmɔ·sɛksualíst]
hacker (m)	хакер (м)	[háker]
hippie	хиппи (м)	[híppi]

bandido (m)	бандит (м)	[bandít]
assassino (m) a soldo	наёмный убийца (м)	[najómnij ubíjtsa]
toxicodependente (m)	наркоман (м)	[narkɔmán]
traficante (m)	торговец (м) наркотиками	[tɔrgóvets narkótikami]
prostituta (f)	проститутка (ж)	[prɔstitútka]
chulo (m)	сутенёр (м)	[sutenǿr]

bruxo (m)	колдун (м)	[kɔldún]
bruxa (f)	колдунья (ж)	[kɔldúnja]
pirata (m)	пират (м)	[pirát]
escravo (m)	раб (м)	[ráb]
samurai (m)	самурай (м)	[samuráj]
selvagem (m)	дикарь (м)	[dikárʲ]

Desportos

desportista (m)	спортсмен (м)	[sportsmén]
tipo (m) de desporto	вид (м) спорта	[víd spórta]
basquetebol (m)	баскетбол (м)	[basketból]
jogador (m) de basquetebol	баскетболист (м)	[basketbolíst]
beisebol (m)	бейсбол (м)	[bejzból]
jogador (m) de beisebol	бейсболист (м)	[bejzbolíst]
futebol (m)	футбол (м)	[futból]
futebolista (m)	футболист (м)	[futbolíst]
guarda-redes (m)	вратарь (м)	[vratárʲ]
hóquei (m)	хоккей (м)	[hokéj]
jogador (m) de hóquei	хоккеист (м)	[hokeíst]
voleibol (m)	волейбол (м)	[volejból]
jogador (m) de voleibol	волейболист (м)	[volejbolíst]
boxe (m)	бокс (м)	[bóks]
boxeador, pugilista (m)	боксёр (м)	[boksǿr]
luta (f)	борьба (ж)	[borʲbá]
lutador (m)	борец (м)	[boréts]
karaté (m)	карате (с)	[karatæ]
karateca (m)	каратист (м)	[karatíst]
judo (m)	дзюдо (с)	[dzʲudó]
judoca (m)	дзюдоист (м)	[dzʲudoíst]
ténis (m)	теннис (м)	[tænis]
tenista (m)	теннисист (м)	[tɛnisíst]
natação (f)	плавание (с)	[plávanie]
nadador (m)	пловец (м)	[plovéts]
esgrima (f)	фехтование (с)	[fehtovánie]
esgrimista (m)	фехтовальщик (м)	[fehtoválʲʃik]
xadrez (m)	шахматы (мн)	[ʃáhmati]
xadrezista (m)	шахматист (м)	[ʃahmatíst]
alpinismo (m)	альпинизм (м)	[alʲpinízm]
alpinista (m)	альпинист (м)	[alʲpiníst]
corrida (f)	бег (м)	[bég]

corredor (m)	бегун (м)	[begún]
atletismo (m)	лёгкая атлетика (ж)	[lǿhkaja atlétika]
atleta (m)	атлет (м)	[atlét]

| hipismo (m) | конный спорт (м) | [kónnij spórt] |
| cavaleiro (m) | наездник (м) | [naéznik] |

patinagem (f) artística	фигурное катание (с)	[figúrnɔe katánie]
patinador (m)	фигурист (м)	[figuríst]
patinadora (f)	фигуристка (ж)	[figurístka]

| halterofilismo (m) | тяжёлая атлетика (ж) | [tıʒólaja atlétika] |
| halterofilista (m) | штангист (м) | [ʃtangíst] |

| corrida (f) de carros | автогонки (ж мн) | [aftɔ·gónki] |
| piloto (m) | гонщик (м) | [gónʃʲik] |

| ciclismo (m) | велоспорт (м) | [velɔspórt] |
| ciclista (m) | велосипедист (м) | [velɔsipedíst] |

salto (m) em comprimento	прыжки (м мн) в длину	[priʃkí v dlinú]
salto (m) à vara	прыжки (м мн) с шестом	[priʃkí s ʃɛstóm]
atleta (m) de saltos	прыгун (м)	[prigún]

114. Tipos de desportos. Diversos

futebol (m) americano	американский футбол (м)	[amerikánskij futból]
badminton (m)	бадминтон (м)	[badmintón]
biatlo (m)	биатлон (м)	[biatlón]
bilhar (m)	бильярд (м)	[biljárd]

bobsled (m)	бобслей (м)	[bɔbsléj]
musculação (f)	бодибилдинг (м)	[bɔdibílding]
polo (m) aquático	водное поло (с)	[vódnɔe pólɔ]
andebol (m)	гандбол (м)	[ganból]
golfe (m)	гольф (м)	[gólʲf]

remo (m)	гребля (ж)	[gréblʲa]
mergulho (m)	дайвинг (м)	[dájving]
corrida (f) de esqui	лыжные гонки (ж мн)	[līʒnie gónki]
ténis (m) de mesa	настольный теннис (м)	[nastólʲnij tǽnis]

vela (f)	парусный спорт (м)	[párusnij spórt]
rali (m)	ралли (с)	[ráli]
râguebi (m)	регби (с)	[rǽgbi]
snowboard (m)	сноуборд (м)	[snɔubórd]
tiro (m) com arco	стрельба (ж) из лука	[strelʲbá iz lúka]

115. Ginásio

| barra (f) | штанга (ж) | [ʃtánga] |
| halteres (m pl) | гантели (ж мн) | [gantéli] |

aparelho (m) de musculaçao	тренажёр (м)	[trenaʒór]
bicicleta (f) ergométrica	велотренажёр (м)	[velɔ·trenaʒór]
passadeira (f) de corrida	беговая дорожка (ж)	[begɔvája dɔróʃka]
barra (f) fixa	перекладина (ж)	[perekládina]
barras (f) paralelas	брусья (мн)	[brúsja]
cavalo (m)	конь (м)	[kónⁱ]
tapete (m) de ginástica	мат (м)	[mát]
corda (f) de saltar	скакалка (ж)	[skakálka]
aeróbica (f)	аэробика (ж)	[aɛróbika]
ioga (f)	йога (ж)	[jóga]

116. Desportos. Diversos

Jogos (m pl) Olímpicos	Олимпийские игры (ж мн)	[ɔlimpíjskie ígrⁱ]
vencedor (m)	победитель (м)	[pɔbedítelⁱ]
vencer (vi)	побеждать (нсв, нпх)	[pɔbeʒdátⁱ]
vencer, ganhar (vi)	выиграть (св, нпх)	[vĩigratⁱ]
líder (m)	лидер (м)	[líder]
liderar (vt)	лидировать (нсв, нпх)	[lidírɔvatⁱ]
primeiro lugar (m)	первое место (c)	[pérvɔe méstɔ]
segundo lugar (m)	второе место (c)	[ftɔróe méstɔ]
terceiro lugar (m)	третье место (c)	[trétje méstɔ]
medalha (f)	медаль (ж)	[medálⁱ]
troféu (m)	трофей (м)	[trɔféj]
taça (f)	кубок (м)	[kúbɔk]
prémio (m)	приз (м)	[prís]
prémio (m) principal	главный приз (м)	[glávnij prís]
recorde (m)	рекорд (м)	[rekórd]
estabelecer um recorde	ставить рекорд	[stávitⁱ rekórd]
final (m)	финал (м)	[finál]
final	финальный	[finálⁱnij]
campeão (m)	чемпион (м)	[ʧempión]
campeonato (m)	чемпионат (м)	[ʧempiɔnát]
estádio (m)	стадион (м)	[stadión]
bancadas (f pl)	трибуна (ж)	[tribúna]
fã, adepto (m)	болельщик (м)	[bɔlélⁱʃik]
adversário (m)	противник (м)	[prɔtívnik]
partida (f)	старт (м)	[stárt]
chegada, meta (f)	финиш (м)	[fíniʃ]
derrota (f)	поражение (c)	[pɔraʒǽnie]
perder (vt)	проиграть (св, нпх)	[prɔigrátⁱ]
árbitro (m)	судья (ж)	[sudjá]
júri (m)	жюри (c)	[ʒurí]

resultado (m)	счёт (м)	[ʃǿt]
empate (m)	ничья (ж)	[nitʃjá]
empatar (vi)	сыграть вничью	[sɨgrátʲ vnitʃjú]
ponto (m)	очко (c)	[ɔtʃkó]
resultado (m) final	результат (м)	[rezulʲtát]

intervalo (m)	перерыв (м)	[pererīf]
doping (m)	допинг (м)	[dóping]
penalizar (vt)	штрафовать (нсв, пх)	[ʃtrafɔvátʲ]
desqualificar (vt)	дисквалифицировать (нсв, пх)	[diskvalifitsīrɔvatʲ]

aparelho (m)	снаряд (м)	[snarʲád]
dardo (m)	копьё (c)	[kɔpjǿ]
peso (m)	ядро (c)	[jɪdró]
bola (f)	шар (м)	[ʃár]

alvo, objetivo (m)	цель (ж)	[tsǽlʲ]
alvo (~ de papel)	мишень (ж)	[miʃǽnʲ]
atirar, disparar (vi)	стрелять (нсв, нпх)	[strelʲátʲ]
preciso (tiro ~)	точный	[tótʃnij]

treinador (m)	тренер (м)	[tréner]
treinar (vt)	тренировать (нсв, пх)	[trenirɔvátʲ]
treinar-se (vr)	тренироваться (нсв, возв)	[trenirɔvátsa]
treino (m)	тренировка (ж)	[trenirófka]

ginásio (m)	спортзал (м)	[spɔrtzál]
exercício (m)	упражнение (c)	[upraʒnénie]
aquecimento (m)	разминка (ж)	[razmínka]

Educação

117. Escola

escola (f)	школа (ж)	[ʃkóla]
diretor (m) de escola	директор (м) школы	[diréktor ʃkóli]
aluno (m)	ученик (м)	[utʃeník]
aluna (f)	ученица (ж)	[utʃenítsa]
escolar (m)	школьник (м)	[ʃkólʲnik]
escolar (f)	школьница (ж)	[ʃkólʲnitsa]
ensinar (vt)	учить (нсв, пх)	[utʃítʲ]
aprender (vt)	учить (нсв, пх)	[utʃítʲ]
aprender de cor	учить наизусть	[utʃítʲ naizústʲ]
estudar (vi)	учиться (нсв, возв)	[utʃítsa]
andar na escola	учиться (нсв, возв)	[utʃítsa]
ir à escola	идти в школу	[itʲtí f ʃkólu]
alfabeto (m)	алфавит (м)	[alfavít]
disciplina (f)	предмет (м)	[predmét]
sala (f) de aula	класс (м)	[klás]
lição (f)	урок (м)	[urók]
recreio (m)	перемена (ж)	[pereména]
toque (m)	звонок (м)	[zvɔnók]
carteira (f)	парта (ж)	[párta]
quadro (m) negro	доска (ж)	[dɔská]
nota (f)	отметка (ж)	[ɔtmétka]
boa nota (f)	хорошая отметка (ж)	[hɔróʃaja ɔtmétka]
nota (f) baixa	плохая отметка (ж)	[plɔhája ɔtmétka]
dar uma nota	ставить отметку	[stávitʲ ɔtmétku]
erro (m)	ошибка (ж)	[ɔʃípka]
fazer erros	делать ошибки	[délatʲ ɔʃípki]
corrigir (vt)	исправлять (нсв, пх)	[ispravlʲátʲ]
cábula (f)	шпаргалка (ж)	[ʃpargálka]
dever (m) de casa	домашнее задание (с)	[dɔmáʃnee zadánie]
exercício (m)	упражнение (с)	[upraʒnénie]
estar presente	присутствовать (нсв, нпх)	[prisútstvɔvatʲ]
estar ausente	отсутствовать (нсв, нпх)	[ɔtsútstvɔvatʲ]
faltar às aulas	пропускать уроки	[prɔpuskátʲ uróki]
punir (vt)	наказывать (нсв, пх)	[nakázivatʲ]
punição (f)	наказание (с)	[nakazánie]
comportamento (m)	поведение (с)	[pɔvedénie]

boletim (m) escolar	дневник (м)	[dnevník]
lápis (m)	карандаш (м)	[karandáʃ]
borracha (f)	ластик (м)	[lástik]
giz (m)	мел (м)	[mél]
estojo (m)	пенал (м)	[penál]

pasta (f) escolar	портфель (м)	[pɔrtfélʲ]
caneta (f)	ручка (ж)	[rútʃka]
caderno (m)	тетрадь (ж)	[tetrátʲ]
manual (m) escolar	учебник (м)	[utʃébnik]
compasso (m)	циркуль (м)	[tsírkulʲ]

| traçar (vt) | чертить (нсв, пх) | [tʃertítʲ] |
| desenho (m) técnico | чертёж (м) | [tʃertǿʃ] |

poesia (f)	стихотворение (с)	[stihɔtvɔrénie]
de cor	наизусть	[naizústʲ]
aprender de cor	учить наизусть	[utʃítʲ naizústʲ]

férias (f pl)	каникулы (мн)	[kaníkuli]
estar de férias	быть на каникулах	[bĩtʲ na kaníkulah]
passar as férias	провести каникулы	[prɔvestí kaníkuli]

teste (m)	контрольная работа (ж)	[kɔntrólʲnaja rabóta]
composição, redação (f)	сочинение (с)	[sɔtʃinénie]
ditado (m)	диктант (м)	[diktánt]
exame (m)	экзамен (м)	[ɛkzámen]
fazer exame	сдавать экзамены	[zdavátʲ ɛkzámeni]
experiência (~ química)	опыт (м)	[ópit]

118. Colégio. Universidade

academia (f)	академия (ж)	[akadémija]
universidade (f)	университет (м)	[universitét]
faculdade (f)	факультет (м)	[fakulʲtét]

estudante (m)	студент (м)	[studént]
estudante (f)	студентка (ж)	[studéntka]
professor (m)	преподаватель (м)	[prepɔdavátelʲ]

| sala (f) de palestras | аудитория (ж) | [auditórija] |
| graduado (m) | выпускник (м) | [vipuskník] |

| diploma (m) | диплом (м) | [diplóm] |
| tese (f) | диссертация (ж) | [disertátsija] |

| estudo (obra) | исследование (с) | [islédɔvanie] |
| laboratório (m) | лаборатория (ж) | [labɔratórija] |

| palestra (f) | лекция (ж) | [léktsija] |
| colega (m) de curso | однокурсник (м) | [ɔdnɔkúrsnik] |

| bolsa (f) de estudos | стипендия (ж) | [stipéndija] |
| grau (m) académico | учёная степень (ж) | [utʃónaja stépenʲ] |

119. Ciências. Disciplinas

matemática (f)	математика (ж)	[matemátika]
álgebra (f)	алгебра (ж)	[álgebra]
geometria (f)	геометрия (ж)	[geométrija]

astronomia (f)	астрономия (ж)	[astronómija]
biologia (f)	биология (ж)	[biológija]
geografia (f)	география (ж)	[geográfija]
geologia (f)	геология (ж)	[geológija]
história (f)	история (ж)	[istórija]

medicina (f)	медицина (ж)	[meditsĩna]
pedagogia (f)	педагогика (ж)	[pedagógika]
direito (m)	право (c)	[právo]

física (f)	физика (ж)	[fízika]
química (f)	химия (ж)	[hímija]
filosofia (f)	философия (ж)	[filosófija]
psicologia (f)	психология (ж)	[psihológija]

120. Sistema de escrita. Ortografia

gramática (f)	грамматика (ж)	[gramátika]
vocabulário (m)	лексика (ж)	[léksika]
fonética (f)	фонетика (ж)	[fonǽtika]

substantivo (m)	существительное (c)	[suʃestvítelʲnoe]
adjetivo (m)	прилагательное (c)	[prilagátelʲnoe]
verbo (m)	глагол (м)	[glagól]
advérbio (m)	наречие (c)	[narétʃie]

pronome (m)	местоимение (c)	[mestoiménie]
interjeição (f)	междометие (c)	[meʒdométie]
preposição (f)	предлог (м)	[predlóg]

raiz (f) da palavra	корень (м) слова	[kórenʲ slóva]
terminação (f)	окончание (c)	[okontʃánie]
prefixo (m)	приставка (ж)	[pristáfka]
sílaba (f)	слог (м)	[slóg]
sufixo (m)	суффикс (м)	[súfiks]

| acento (m) | ударение (c) | [udarénie] |
| apóstrofo (m) | апостроф (м) | [apóstrof] |

ponto (m)	точка (ж)	[tótʃka]
vírgula (f)	запятая (ж)	[zapıtája]
ponto e vírgula (m)	точка (ж) с запятой	[tótʃka s zapıtój]
dois pontos (m pl)	двоеточие (c)	[dvoetótʃie]
reticências (f pl)	многоточие (c)	[mnogotótʃie]

| ponto (m) de interrogação | вопросительный знак (м) | [voprosítelʲnij znák] |
| ponto (m) de exclamação | восклицательный знак (м) | [vosklitsátelʲnij znák] |

aspas (f pl)	кавычки (ж мн)	[kavĩʧki]
entre aspas	в кавычках	[f kavĩʧkah]
parênteses (m pl)	скобки (ж мн)	[skópki]
entre parênteses	в скобках	[f skópkah]
hífen (m)	дефис (м)	[defís]
travessão (m)	тире (c)	[tirǽ]
espaço (m)	пробел (м)	[prɔbél]
letra (f)	буква (ж)	[búkva]
letra (f) maiúscula	большая буква (ж)	[bɔlʲʃája búkva]
vogal (f)	гласный звук (м)	[glásnij zvúk]
consoante (f)	согласный звук (м)	[sɔglásnij zvúk]
frase (f)	предложение (c)	[predlɔʒǽnie]
sujeito (m)	подлежащее (c)	[pɔdleʒáʃʲee]
predicado (m)	сказуемое (c)	[skazúemɔe]
linha (f)	строка (ж)	[strɔká]
em uma nova linha	с новой строки	[s nóvɔj strɔkí]
parágrafo (m)	абзац (м)	[abzáts]
palavra (f)	слово (c)	[slóvɔ]
grupo (m) de palavras	словосочетание (c)	[slɔvɔ·sɔʧetánie]
expressão (f)	выражение (c)	[viraʒǽnie]
sinónimo (m)	синоним (м)	[sinónim]
antónimo (m)	антоним (м)	[antónim]
regra (f)	правило (c)	[právilɔ]
exceção (f)	исключение (c)	[isklʲuʧénie]
correto	верный	[vérnij]
conjugação (f)	спряжение (c)	[sprɪʒǽnie]
declinação (f)	склонение (c)	[sklɔnénie]
caso (m)	падеж (м)	[padéʃ]
pergunta (f)	вопрос (м)	[vɔprós]
sublinhar (vt)	подчеркнуть (св, пх)	[pɔtʧerknútʲ]
linha (f) pontilhada	пунктир (м)	[punktír]

121. Línguas estrangeiras

língua (f)	язык (м)	[jɪzĩk]
estrangeiro	иностранный	[inɔstránnij]
língua (f) estrangeira	иностранный язык (м)	[inɔstránnij jɪzĩk]
estudar (vt)	изучать (нсв, пх)	[izuʧátʲ]
aprender (vt)	учить (нсв, пх)	[uʧítʲ]
ler (vt)	читать (нсв, н/пх)	[ʧitátʲ]
falar (vi)	говорить (нсв, н/пх)	[gɔvɔrítʲ]
compreender (vt)	понимать (нсв, пх)	[pɔnimátʲ]
escrever (vt)	писать (нсв, пх)	[pisátʲ]
rapidamente	быстро	[bĩstrɔ]
devagar	медленно	[médlenɔ]

fluentemente	свободно	[svobódnɔ]
regras (f pl)	правила (с мн)	[právila]
gramática (f)	грамматика (ж)	[gramátika]
vocabulário (m)	лексика (ж)	[léksika]
fonética (f)	фонетика (ж)	[fɔnǽtika]

manual (m) escolar	учебник (м)	[utʃébnik]
dicionário (m)	словарь (м)	[slɔvárʲ]
manual (m) de autoaprendizagem	самоучитель (м)	[samɔutʃítelʲ]
guia (m) de conversação	разговорник (м)	[razgɔvórnik]

cassete (f)	кассета (ж)	[kaséta]
vídeo cassete (m)	видеокассета (ж)	[vídeɔ·kaséta]
CD (m)	компакт-диск (м)	[kɔmpákt-dísk]
DVD (m)	DVD-диск (м)	[di·vi·dí dísk]

alfabeto (m)	алфавит (м)	[alfavít]
soletrar (vt)	говорить по буквам	[gɔvɔrítʲ pɔ búkvam]
pronúncia (f)	произношение (с)	[prɔiznɔʃǽnie]

sotaque (m)	акцент (м)	[aktsǽnt]
com sotaque	с акцентом	[s aktsǽntɔm]
sem sotaque	без акцента	[bez aktsǽnta]

palavra (f)	слово (с)	[slóvɔ]
sentido (m)	смысл (м)	[smĩsl]

cursos (m pl)	курсы (мн)	[kúrsɨ]
inscrever-se (vr)	записаться (св, возв)	[zapisátsa]
professor (m)	преподаватель (м)	[prepɔdavátelʲ]

tradução (processo)	перевод (м)	[perevód]
tradução (texto)	перевод (м)	[perevód]
tradutor (m)	переводчик (м)	[perevóttʃik]
intérprete (m)	переводчик (м)	[perevóttʃik]

poliglota (m)	полиглот (м)	[pɔliglót]
memória (f)	память (ж)	[pámɪtʲ]

122. Personagens de contos de fadas

Pai (m) Natal	Санта Клаус (м)	[sánta kláus]
Cinderela (f)	Золушка (ж)	[zóluʃka]
sereia (f)	русалка (ж)	[rusálka]
Neptuno (m)	Нептун (м)	[neptún]

mago (m)	волшебник (м)	[vɔlʃǽbnik]
fada (f)	волшебница (ж)	[vɔlʃǽbnitsa]
mágico	волшебный	[vɔlʃǽbnij]
varinha (f) mágica	волшебная палочка (ж)	[vɔlʃǽbnaja pálɔtʃka]

conto (m) de fadas	сказка (ж)	[skáska]
milagre (m)	чудо (с)	[tʃúdɔ]

anão (m)	гном (м)	[gnóm]
transformar-se em …	превратиться в … (св)	[prevratítsa f …]

fantasma (m)	призрак (м)	[prízrak]
espetro (m)	привидение (с)	[prividénie]
monstro (m)	чудовище (с)	[tʃudóviʃʲe]
dragão (m)	дракон (м)	[drakón]
gigante (m)	великан (м)	[velikán]

123. Signos do Zodíaco

Carneiro	Овен (м)	[ɔven]
Touro	Телец (м)	[teléts]
Gémeos	Близнецы (мн)	[bliznetsɨ̃]
Caranguejo	Рак (м)	[rák]
Leão	Лев (м)	[léf]
Virgem (f)	Дева (ж)	[déva]

Balança	Весы (мн)	[vesɨ̃]
Escorpião	Скорпион (м)	[skɔrpión]
Sagitário	Стрелец (м)	[streléts]
Capricórnio	Козерог (м)	[kɔzeróg]
Aquário	Водолей (м)	[vɔdɔléj]
Peixes	Рыбы (мн)	[rɨ̃bi]

caráter (m)	характер (м)	[harákter]
traços (m pl) do caráter	черты (ж мн) характера	[tʃertɨ̃ haráktera]
comportamento (m)	поведение (с)	[pɔvedénie]
predizer (vt)	гадать (нсв, нпх)	[gadátʲ]
adivinha (f)	гадалка (ж)	[gadálka]
horóscopo (m)	гороскоп (м)	[gɔrɔskóp]

Artes

teatro (m)	театр (м)	[teátr]
ópera (f)	опера (ж)	[ópera]
opereta (f)	оперетта (ж)	[ɔperétta]
balé (m)	балет (м)	[balét]

cartaz (m)	афиша (ж)	[afíʃa]
companhia (f) teatral	труппа (ж)	[trúpa]
turné (digressão)	гастроли (мн)	[gastróli]
estar em turné	гастролировать (нсв, нпх)	[gastrɔlírɔvatʲ]
ensaiar (vt)	репетировать (нсв, н/пх)	[repetírɔvatʲ]
ensaio (m)	репетиция (ж)	[repetítsija]
repertório (m)	репертуар (м)	[repertuár]

apresentação (f)	представление (с)	[pretstavlénie]
espetáculo (m)	спектакль (м)	[spektáklʲ]
peça (f)	пьеса (ж)	[pjésa]

bilhete (m)	билет (м)	[bilét]
bilheteira (f)	билетная касса (ж)	[bilétnaja kássa]
hall (m)	холл (м)	[hól]
guarda-roupa (m)	гардероб (м)	[garderób]
senha (f) numerada	номерок (м)	[nɔmerók]
binóculo (m)	бинокль (м)	[binóklʲ]
lanterninha (m)	контролёр (м)	[kɔntrɔlǿr]

plateia (f)	партер (м)	[partǽr]
balcão (m)	балкон (м)	[balkón]
primeiro balcão (m)	бельэтаж (м)	[beljetáʃ]
camarote (m)	ложа (ж)	[lóʒa]
fila (f)	ряд (м)	[rʲád]
assento (m)	место (с)	[méstɔ]

público (m)	публика (ж)	[públika]
espetador (m)	зритель (м)	[zrítelʲ]
aplaudir (vt)	хлопать (нсв, нпх)	[hlópatʲ]
aplausos (m pl)	аплодисменты (мн)	[aplɔdisménti]
ovação (f)	овации (ж мн)	[ɔvátsii]

palco (m)	сцена (ж)	[stsǽna]
pano (m) de boca	занавес (м)	[zánaves]
cenário (m)	декорация (ж)	[dekɔrátsija]
bastidores (m pl)	кулисы (мн)	[kulísi]

cena (f)	сцена (ж)	[stsǽna]
ato (m)	акт (м)	[ákt]
entreato (m)	антракт (м)	[antrákt]

125. Cinema

| ator (m) | актёр (м) | [aktǿr] |
| atriz (f) | актриса (ж) | [aktrísa] |

cinema (m)	кино (с)	[kinó]
filme (m)	кино, фильм (м)	[kinó], [fílʲm]
episódio (m)	серия (ж)	[sérija]

filme (m) policial	детектив (м)	[dɛtɛktíf]
filme (m) de ação	боевик (м)	[bɔevík]
filme (m) de aventuras	приключенческий фильм (м)	[priklʲutʃéntʃeskij fílʲm]
filme (m) de ficção científica	фантастический фильм (м)	[fantastítʃeskij fílʲm]
filme (m) de terror	фильм (м) ужасов	[fílʲm úʒasɔf]

comédia (f)	кинокомедия (ж)	[kinɔ·kɔmédija]
melodrama (m)	мелодрама (ж)	[melɔdráma]
drama (m)	драма (ж)	[dráma]

filme (m) ficcional	художественный фильм (м)	[hudóʒestvenij fílʲm]
documentário (m)	документальный фильм (м)	[dɔkumentálʲnij fílʲm]
desenho (m) animado	мультфильм (м)	[mulʲtfílʲm]
cinema (m) mudo	немое кино (с)	[nemóe kinó]

papel (m)	роль (ж)	[rólʲ]
papel (m) principal	главная роль (ж)	[glávnaja rólʲ]
representar (vt)	играть (нсв, н/пх)	[igrátʲ]

estrela (f) de cinema	кинозвезда (ж)	[kinɔ·zvezdá]
conhecido	известный	[izvésnij]
famoso	знаменитый	[znamenítij]
popular	популярный	[pɔpulʲárnij]

argumento (m)	сценарий (м)	[stsɛnárij]
argumentista (m)	сценарист (м)	[stsɛnaríst]
realizador (m)	режиссёр (м)	[reʒisǿr]
produtor (m)	продюсер (м)	[prɔdʲúsɛr]
assistente (m)	ассистент (м)	[asistént]
diretor (m) de fotografia	оператор (м)	[ɔperátɔr]
duplo (m)	каскадёр (м)	[kaskadǿr]
duplo (m) de corpo	дублёр (м)	[dublǿr]

filmar (vt)	снимать фильм	[snimátʲ fílʲm]
audição (f)	пробы (мн)	[próbi]
filmagem (f)	съёмки (мн)	[sjómki]
equipe (f) de filmagem	съёмочная группа (ж)	[sjómɔtʃnaja grúpa]
set (m) de filmagem	съёмочная площадка (ж)	[sjómɔtʃnaja plɔʃátka]
câmara (f)	кинокамера (ж)	[kinɔ·kámera]

| cinema (m) | кинотеатр (м) | [kinɔteátr] |
| ecrã (m), tela (f) | экран (м) | [ɛkrán] |

exibir um filme	показывать фильм	[pokázivatʲ fílʲm]
pista (f) sonora	звуковая дорожка (ж)	[zvukovája doróʃka]
efeitos (m pl) especiais	специальные эффекты (м мн)	[speʦiálʲnie ɛfékti]
legendas (f pl)	субтитры (мн)	[suptítri]
crédito (m)	титры (мн)	[títri]
tradução (f)	перевод (м)	[perevód]

126. Pintura

arte (f)	искусство (с)	[iskústvɔ]
belas-artes (f pl)	изящные искусства (с мн)	[izʲáʃnie iskústva]
galeria (f) de arte	арт-галерея (ж)	[art-galeréja]
exposição (f) de arte	выставка (ж) картин	[vīstafka kartín]

pintura (f)	живопись (ж)	[ʒīvɔpisʲ]
arte (f) gráfica	графика (ж)	[gráfika]
arte (f) abstrata	абстракционизм (м)	[abstraktsionízm]
impressionismo (m)	импрессионизм (м)	[impresionízm]

pintura (f), quadro (m)	картина (ж)	[kartína]
desenho (m)	рисунок (м)	[risúnɔk]
cartaz, póster (m)	постер (м)	[póstɛr]

ilustração (f)	иллюстрация (ж)	[ilʲustráʦija]
miniatura (f)	миниатюра (ж)	[miniatʲúra]
cópia (f)	копия (ж)	[kópija]

mosaico (m)	мозаика (ж)	[mɔzáika]
vitral (m)	витраж (м)	[vitráʃ]
fresco (m)	фреска (ж)	[fréska]
gravura (f)	гравюра (ж)	[gravʲúra]

busto (m)	бюст (м)	[bʲúst]
escultura (f)	скульптура (ж)	[skulʲptúra]
estátua (f)	статуя (ж)	[státuja]
gesso (m)	гипс (м)	[gíps]
em gesso	из гипса	[iz gípsa]

retrato (m)	портрет (м)	[pɔrtrét]
autorretrato (m)	автопортрет (м)	[aftɔ·pɔrtrét]
paisagem (f)	пейзаж (м)	[pejzáʃ]
natureza (f) morta	натюрморт (м)	[natʲurmórt]
caricatura (f)	карикатура (ж)	[karikatúra]
esboço (m)	набросок (м)	[nabrósɔk]

tinta (f)	краска (ж)	[kráska]
aguarela (f)	акварель (ж)	[akvarélʲ]
óleo (m)	масло (с)	[máslɔ]
lápis (m)	карандаш (м)	[karandáʃ]
tinta da China (f)	тушь (ж)	[túʃ]
carvão (m)	уголь (м)	[úgɔlʲ]
desenhar (vt)	рисовать (нсв, н/пх)	[risɔvátʲ]
pintar (vt)	рисовать (нсв, н/пх)	[risɔvátʲ]

posar (vi)	позировать (нсв, нпх)	[pɔzírɔvatʲ]
modelo (m)	натурщик (м)	[natúrʃik]
modelo (f)	натурщица (ж)	[natúrʃitsa]
pintor (m)	художник (м)	[hudóʒnik]
obra (f)	произведение (с)	[prɔizvedénie]
obra-prima (f)	шедевр (м)	[ʃɛdǽvr]
estúdio (m)	мастерская (ж)	[masterskája]
tela (f)	холст (м)	[hólst]
cavalete (m)	мольберт (м)	[mɔlʲbért]
paleta (f)	палитра (ж)	[palítra]
moldura (f)	рама (ж)	[ráma]
restauração (f)	реставрация (ж)	[restavrátsija]
restaurar (vt)	реставрировать (нсв, пх)	[restavrírɔvatʲ]

127. Literatura & Poesia

literatura (f)	литература (ж)	[literatúra]
autor (m)	автор (м)	[áftɔr]
pseudónimo (m)	псевдоним (м)	[psevdɔním]
livro (m)	книга (ж)	[kníga]
volume (m)	том (м)	[tóm]
índice (m)	оглавление (с)	[ɔglavlénie]
página (f)	страница (ж)	[stranítsa]
protagonista (m)	главный герой (м)	[glávnij gerój]
autógrafo (m)	автограф (м)	[aftógraf]
conto (m)	рассказ (м)	[raskás]
novela (f)	повесть (ж)	[póvestʲ]
romance (m)	роман (м)	[rɔmán]
obra (f)	сочинение (с)	[sɔtʃinénie]
fábula (m)	басня (ж)	[básnʲa]
romance (m) policial	детектив (м)	[dɛtɛktíf]
poesia (obra)	стихотворение (с)	[stihɔtvɔrénie]
poesia (arte)	поэзия (ж)	[pɔǽzija]
poema (m)	поэма (ж)	[pɔǽma]
poeta (m)	поэт (м)	[pɔǽt]
ficção (f)	беллетристика (ж)	[beletrístika]
ficção (f) científica	научная фантастика (ж)	[naútʃnaja fantástika]
aventuras (f pl)	приключения (ж)	[priklʲutʃénija]
literatura (f) didática	учебная литература (ж)	[utʃébnaja literatúra]
literatura (f) infantil	детская литература (ж)	[détskaja literatúra]

128. Circo

circo (m)	цирк (м)	[tsĩrk]
circo (m) ambulante	цирк-шапито (м)	[tsĩrk-ʃapitó]

programa (m)	программа (ж)	[prɔgráma]
apresentação (f)	представление (c)	[pretstavlénie]
número (m)	номер (м)	[nómer]
arena (f)	арена (ж)	[aréna]
pantomima (f)	пантомима (ж)	[pantɔmíma]
palhaço (m)	клоун (м)	[klóun]
acrobata (m)	акробат (м)	[akrɔbát]
acrobacia (f)	акробатика (ж)	[akrɔbátika]
ginasta (m)	гимнаст (м)	[gimnást]
ginástica (f)	гимнастика (ж)	[gimnástika]
salto (m) mortal	сальто (c)	[sálʲtɔ]
homem forte (m)	атлет (м)	[atlét]
domador (m)	укротитель (м)	[ukrɔtítelʲ]
cavaleiro (m) equilibrista	наездник (м)	[naéznik]
assistente (m)	ассистент (м)	[asistént]
truque (m)	трюк (м)	[trʲúk]
truque (m) de mágica	фокус (м)	[fókus]
mágico (m)	фокусник (м)	[fókusnik]
malabarista (m)	жонглёр (м)	[ʒɔnglǿr]
fazer malabarismos	жонглировать (нсв, н/пх)	[ʒɔnglírɔvatʲ]
domador (m)	дрессировщик (м)	[dresirófʃik]
adestramento (m)	дрессировка (ж)	[dresirófka]
adestrar (vt)	дрессировать (нсв, пх)	[dresirɔvátʲ]

129. Música. Música popular

música (f)	музыка (ж)	[múzɨka]
músico (m)	музыкант (м)	[muzɨkánt]
instrumento (m) musical	музыкальный инструмент (м)	[muzɨkálʲnij instrumént]
tocar ...	играть на ... (нсв)	[igrátʲ na ...]
guitarra (f)	гитара (ж)	[gitára]
violino (m)	скрипка (ж)	[skrípka]
violoncelo (m)	виолончель (ж)	[viɔlɔnʧélʲ]
contrabaixo (m)	контрабас (м)	[kɔntrabás]
harpa (f)	арфа (ж)	[árfa]
piano (m)	пианино (c)	[pianínɔ]
piano (m) de cauda	рояль (м)	[rɔjálʲ]
órgão (m)	орган (м)	[ɔrgán]
instrumentos (m pl) de sopro	духовые инструменты (м мн)	[duhɔvɨ̄e instruménti]
oboé (m)	гобой (м)	[gɔbój]
saxofone (m)	саксофон (м)	[saksɔfón]
clarinete (m)	кларнет (м)	[klarnét]
flauta (f)	флейта (ж)	[fléjta]

trompete (m)	труба (ж)	[trubá]
acordeão (m)	аккордеон (м)	[akɔrdeón]
tambor (m)	барабан (м)	[barabán]
duo, dueto (m)	дуэт (м)	[duǽt]
trio (m)	трио (с)	[tríɔ]
quarteto (m)	квартет (м)	[kvartét]
coro (m)	хор (м)	[hór]
orquestra (f)	оркестр (м)	[ɔrkéstr]
música (f) pop	поп-музыка (ж)	[póp-múzika]
música (f) rock	рок-музыка (ж)	[rók-múzika]
grupo (m) de rock	рок-группа (ж)	[rɔk-grúpa]
jazz (m)	джаз (м)	[dʒás]
ídolo (m)	кумир (м)	[kumír]
fã, admirador (m)	поклонник (м)	[pɔklónnik]
concerto (m)	концерт (м)	[kɔnʦǽrt]
sinfonia (f)	симфония (ж)	[simfónija]
composição (f)	сочинение (с)	[sɔtʃinénie]
compor (vt)	сочинить (св, пх)	[sɔtʃinítʲ]
canto (m)	пение (с)	[pénie]
canção (f)	песня (ж)	[pésnʲa]
melodia (f)	мелодия (ж)	[melódija]
ritmo (m)	ритм (м)	[rítm]
blues (m)	блюз (м)	[blʲús]
notas (f pl)	ноты (ж мн)	[nóti]
batuta (f)	палочка (ж)	[pálɔtʃka]
arco (m)	смычок (м)	[smitʃók]
corda (f)	струна (ж)	[struná]
estojo (m)	футляр (м)	[futlʲár]

Descanso. Entretenimento. Viagens

130. Viagens

turismo (m)	туризм (м)	[turízm]
turista (m)	турист (м)	[turíst]
viagem (f)	путешествие (c)	[puteʃǽstvie]
aventura (f)	приключение (c)	[priklʲutʃénie]
viagem (f)	поездка (ж)	[pɔéstka]
férias (f pl)	отпуск (м)	[ótpusk]
estar de férias	быть в отпуске	[bɨtʲ v ótpuske]
descanso (m)	отдых (м)	[ótdɨh]
comboio (m)	поезд (м)	[póezd]
de comboio (chegar ~)	поездом	[póezdɔm]
avião (m)	самолёт (м)	[samɔlǿt]
de avião	самолётом	[samɔlǿtɔm]
de carro	на автомобиле	[na aftɔmɔbíle]
de navio	на корабле	[na kɔrablé]
bagagem (f)	багаж (м)	[bagáʃ]
mala (f)	чемодан (м)	[tʃemɔdán]
carrinho (m)	тележка (ж) для багажа	[teléʃka dlʲa bagaʒá]
passaporte (m)	паспорт (м)	[páspɔrt]
visto (m)	виза (ж)	[víza]
bilhete (m)	билет (м)	[bilét]
bilhete (m) de avião	авиабилет (м)	[aviabilét]
guia (m) de viagem	путеводитель (м)	[putevɔdítelʲ]
mapa (m)	карта (ж)	[kárta]
local (m), area (f)	местность (ж)	[mésnɔstʲ]
lugar, sítio (m)	место (c)	[méstɔ]
exotismo (m)	экзотика (ж)	[ɛkzótika]
exótico	экзотический	[ɛkzɔtítʃeskij]
surpreendente	удивительный	[udivítelʲnij]
grupo (m)	группа (ж)	[grúpa]
excursão (f)	экскурсия (ж)	[ɛkskúrsija]
guia (m)	экскурсовод (м)	[ɛkskursɔvód]

131. Hotel

hotel (m)	гостиница (ж)	[gɔstínitsa]
motel (m)	мотель (м)	[mɔtǽlʲ]
três estrelas	3 звезды	[trí zvezdɨ̄]

| cinco estrelas | 5 звёзд | [pʲátʲ zvǿzd] |
| ficar (~ num hotel) | остановиться (св, возв) | [ɔstanɔvítsa] |

quarto (m)	номер (м)	[nómer]
quarto (m) individual	одноместный номер (м)	[ɔdnɔ·mésnij nómer]
quarto (m) duplo	двухместный номер (м)	[dvuh·mésnij nómer]
reservar um quarto	бронировать номер	[brɔnírɔvatʲ nómer]

| meia pensão (f) | полупансион (м) | [pɔlu·pansión] |
| pensão (f) completa | полный пансион (м) | [pólnij pansión] |

com banheira	с ванной	[s vánnɔj]
com duche	с душем	[s dúʃɛm]
televisão (m) satélite	спутниковое телевидение (с)	[spútnikɔvɔe televídenie]

ar (m) condicionado	кондиционер (м)	[kɔnditsionér]
toalha (f)	полотенце (с)	[pɔlɔténtse]
chave (f)	ключ (м)	[klʲútʃ]

administrador (m)	администратор (м)	[administrátɔr]
camareira (f)	горничная (ж)	[górnitʃnaja]
bagageiro (m)	носильщик (м)	[nɔsílʲʃik]
porteiro (m)	портье (с)	[pɔrtjé]

restaurante (m)	ресторан (м)	[restɔrán]
bar (m)	бар (м)	[bár]
pequeno-almoço (m)	завтрак (м)	[záftrak]
jantar (m)	ужин (м)	[úʒin]
buffet (m)	шведский стол (м)	[ʃvétskij stól]

| hall (m) de entrada | вестибюль (м) | [vestibʲúlʲ] |
| elevador (m) | лифт (м) | [líft] |

| NÃO PERTURBE | НЕ БЕСПОКОИТЬ | [ne bespɔkóitʲ] |
| PROIBIDO FUMAR! | НЕ КУРИТЬ! | [ne kurítʲ] |

132. Livros. Leitura

livro (m)	книга (ж)	[kníga]
autor (m)	автор (м)	[áftɔr]
escritor (m)	писатель (м)	[pisátelʲ]
escrever (vt)	написать (св, пх)	[napisátʲ]

leitor (m)	читатель (м)	[tʃitátelʲ]
ler (vt)	читать (нсв, н/пх)	[tʃitátʲ]
leitura (f)	чтение (с)	[tʃténie]

| para si | про себя | [prɔ sebʲá] |
| em voz alta | вслух | [fslúh] |

publicar (vt)	издавать (нсв, пх)	[izdavátʲ]
publicação (f)	издание (с)	[izdánie]
editor (m)	издатель (м)	[izdátelʲ]
editora (f)	издательство (с)	[izdátelʲstvɔ]

sair (vi)	выйти (св, нпх)	[vɨ̄jti]
lançamento (m)	выход (м)	[vɨ̄hɔd]
tiragem (f)	тираж (м)	[tiráʃ]
livraria (f)	книжный магазин (м)	[kníʒnij magazín]
biblioteca (f)	библиотека (ж)	[bibliɔtéka]
novela (f)	повесть (ж)	[póvestʲ]
conto (m)	рассказ (м)	[raskás]
romance (m)	роман (м)	[rɔmán]
romance (m) policial	детектив (м)	[dɛtɛktíf]
memórias (f pl)	мемуары (мн)	[memuári]
lenda (f)	легенда (ж)	[legénda]
mito (m)	миф (м)	[míf]
poesia (f)	стихи (м мн)	[stihí]
autobiografia (f)	автобиография (ж)	[áftɔ·biɔgráfija]
obras (f pl) escolhidas	избранное (с)	[ízbrannɔe]
ficção (f) científica	фантастика (ж)	[fantástika]
título (m)	название (с)	[nazvánie]
introdução (f)	введение (с)	[vvedénie]
folha (f) de rosto	титульный лист (м)	[títulʲnij líst]
capítulo (m)	глава (ж)	[glavá]
excerto (m)	отрывок (м)	[ɔtrɨ̄vɔk]
episódio (m)	эпизод (м)	[ɛpizód]
tema (m)	сюжет (м)	[sʲuʒǽt]
conteúdo (m)	содержание (с)	[sɔderʒánie]
índice (m)	оглавление (с)	[ɔglavlénie]
protagonista (m)	главный герой (м)	[glávnij gerój]
tomo, volume (m)	том (м)	[tóm]
capa (f)	обложка (ж)	[ɔblóʃka]
encadernação (f)	переплёт (м)	[pereplǿt]
marcador (m) de livro	закладка (ж)	[zaklátka]
página (f)	страница (ж)	[straníʦa]
folhear (vt)	листать (нсв, пх)	[listátʲ]
margem (f)	поля (ж)	[pɔlʲá]
anotação (f)	пометка (ж)	[pɔmétka]
nota (f) de rodapé	примечание (с)	[primetʃánie]
texto (m)	текст (м)	[tékst]
fonte (f)	шрифт (м)	[ʃríft]
gralha (f)	опечатка (ж)	[ɔpetʃátka]
tradução (f)	перевод (м)	[perevód]
traduzir (vt)	переводить (нсв, пх)	[perevɔdítʲ]
original (m)	подлинник (м)	[pódlinik]
famoso	знаменитый	[znamenítij]
desconhecido	неизвестный	[neizvésnij]
interessante	интересный	[interésnij]

best-seller (m)	бестселлер (м)	[bessǽler]
dicionário (m)	словарь (м)	[slovárʲ]
manual (m) escolar	учебник (м)	[utʃébnik]
enciclopédia (f)	энциклопедия (ж)	[ɛntsiklɔpédija]

133. Caça. Pesca

caça (f)	охота (ж)	[ɔhóta]
caçar (vi)	охотиться (нсв, возв)	[ɔhótitsa]
caçador (m)	охотник (м)	[ɔhótnik]

atirar (vi)	стрелять (нсв, нпх)	[strelʲátʲ]
caçadeira (f)	ружьё (c)	[ruʒjǿ]
cartucho (m)	патрон (м)	[patrón]
chumbo (m) de caça	дробь (ж)	[drópʲ]

armadilha (f)	капкан (м)	[kapkán]
armadilha (com corda)	ловушка (ж)	[lɔvúʃka]
cair na armadilha	попасться в капкан	[pɔpástsa f kapkán]
pôr a armadilha	ставить капкан	[stávitʲ kapkán]

caçador (m) furtivo	браконьер (м)	[brakɔnjér]
caça (f)	дичь (ж)	[dítʃʲ]
cão (m) de caça	охотничья собака (ж)	[ɔhótnitʃja sɔbáka]
safári (m)	сафари (c)	[safári]
animal (m) empalhado	чучело (c)	[tʃútʃelɔ]

pescador (m)	рыбак (м)	[ribák]
pesca (f)	рыбалка (ж)	[ribálka]
pescar (vt)	ловить рыбу	[lɔvítʲ rı̄bu]

cana (f) de pesca	удочка (ж)	[údɔtʃka]
linha (f) de pesca	леска (ж)	[léska]
anzol (m)	крючок (м)	[krʲutʃók]

| boia (f) | поплавок (м) | [pɔplavók] |
| isca (f) | наживка (ж) | [naʒı̄fka] |

| lançar a linha | забросить удочку | [zabrósitʲ údɔtʃku] |
| morder (vt) | клевать (нсв, нпх) | [klevátʲ] |

| pesca (f) | улов (м) | [ulóf] |
| buraco (m) no gelo | прорубь (ж) | [prórupʲ] |

| rede (f) | сеть (ж) | [sétʲ] |
| barco (m) | лодка (ж) | [lótka] |

pescar com rede	ловить сетью	[lɔvítʲ sétju]
lançar a rede	забрасывать сеть	[zabrásivatʲ sétʲ]
puxar a rede	вытаскивать сеть	[vitáskivatʲ sétʲ]

baleeiro (m)	китобой (м)	[kitɔbój]
baleeira (f)	китобойное судно (c)	[kitɔbójnɔe súdnɔ]
arpão (m)	гарпун (м)	[garpún]

134. Jogos. Bilhar

bilhar (m)	бильярд (м)	[biljárd]
sala (f) de bilhar	бильярдная (ж)	[biljárdnaja]
bola (f) de bilhar	бильярдный шар (м)	[biljárdnij ʃár]
embolsar uma bola	загнать шар	[zagnátʲ ʃár]
taco (m)	кий (м)	[kíj]
caçapa (f)	луза (ж)	[lúza]

135. Jogos. Jogar cartas

ouros (m pl)	бубны (мн)	[búbnɨ]
espadas (f pl)	пики (мн)	[píki]
copas (f pl)	черви (мн)	[ʧérvi]
paus (m pl)	трефы (мн)	[tréfi]
ás (m)	туз (м)	[tús]
rei (m)	король (м)	[kɔrólʲ]
dama (f)	дама (ж)	[dáma]
valete (m)	валет (м)	[valét]
carta (f) de jogar	игральная карта (ж)	[igrálʲnaja kárta]
cartas (f pl)	карты (ж мн)	[kártɨ]
trunfo (m)	козырь (м)	[kózirʲ]
baralho (m)	колода (ж)	[kɔlóda]
ponto (m)	очко (с)	[ɔʧkó]
dar, distribuir (vt)	сдавать (нсв, н/пх)	[zdavátʲ]
embaralhar (vt)	тасовать (нсв, пх)	[tasɔvátʲ]
vez, jogada (f)	ход (м)	[hód]
batoteiro (m)	шулер (м)	[ʃúler]

136. Descanso. Jogos. Diversos

passear (vi)	гулять (нсв, нпх)	[gulʲátʲ]
passeio (m)	прогулка (ж)	[prɔgúlka]
viagem (f) de carro	поездка (ж)	[pɔéstka]
aventura (f)	приключение (с)	[priklʲuʧénie]
piquenique (m)	пикник (м)	[pikník]
jogo (m)	игра (ж)	[igrá]
jogador (m)	игрок (м)	[igrók]
partida (f)	партия (ж)	[pártija]
colecionador (m)	коллекционер (м)	[kɔlektsiɔnér]
colecionar (vt)	коллекционировать (нсв, пх)	[kɔlektsiɔnírɔvatʲ]
coleção (f)	коллекция (ж)	[kɔléktsija]
palavras (f pl) cruzadas	кроссворд (м)	[krɔsvórd]
hipódromo (m)	ипподром (м)	[ipɔdróm]

discoteca (f)	дискотека (ж)	[diskotéka]
sauna (f)	сауна (ж)	[sáuna]
lotaria (f)	лотерея (ж)	[loteréja]

campismo (m)	поход (м)	[pohód]
acampamento (m)	лагерь (м)	[láger']
tenda (f)	палатка (ж)	[palátka]
bússola (f)	компас (м)	[kómpas]
campista (m)	турист (м)	[turíst]

ver (vt), assistir à …	смотреть (нсв, нпх)	[smotrét']
telespectador (m)	телезритель (м)	[telezrítel']
programa (m) de TV	телепередача (ж)	[tele·peredátʃa]

137. Fotografia

| máquina (f) fotográfica | фотоаппарат (м) | [foto·aparát] |
| foto, fotografia (f) | фото, фотография (ж) | [fóto], [fotográfija] |

fotógrafo (m)	фотограф (м)	[fotógraf]
estúdio (m) fotográfico	фотостудия (ж)	[foto·stúdija]
álbum (m) de fotografias	фотоальбом (м)	[foto·al'bóm]

objetiva (f)	объектив (м)	[objektíf]
teleobjetiva (f)	телеобъектив (м)	[tele·objektíf]
filtro (m)	фильтр (м)	[fíl'tr]
lente (f)	линза (ж)	[línza]

ótica (f)	оптика (ж)	[óptika]
abertura (f)	диафрагма (ж)	[diafrágma]
exposição (f)	выдержка (ж)	[vīderʃka]
visor (m)	видоискатель (м)	[vido·iskátel']
câmara (f) digital	цифровая камера (ж)	[tsifrovája kámera]
tripé (m)	штатив (м)	[ʃtatíf]
flash (m)	вспышка (ж)	[fspīʃka]

fotografar (vt)	фотографировать (нсв, пх)	[fotografírovat']
tirar fotos	снимать (нсв, пх)	[snimát']
fotografar-se	фотографироваться (нсв, возв)	[fotografírovatsa]

foco (m)	фокус (м)	[fókus]
focar (vt)	наводить на резкость	[navodít' na réskost']
nítido	резкий	[réskij]
nitidez (f)	резкость (ж)	[réskost']

| contraste (m) | контраст (м) | [kontrást] |
| contrastante | контрастный | [kontrásnij] |

retrato (m)	снимок (м)	[snímok]
negativo (m)	негатив (м)	[negatíf]
filme (m)	фотоплёнка (ж)	[foto·plǿnka]
fotograma (m)	кадр (м)	[kádr]
imprimir (vt)	печатать (нсв, пх)	[petʃátat']

138. Praia. Natação

praia (f)	пляж (м)	[plʲáʃ]
areia (f)	песок (м)	[pesók]
deserto	пустынный	[pustĩnnij]
bronzeado (m)	загар (м)	[zagár]
bronzear-se (vr)	загорать (нсв, нпх)	[zagɔrátʲ]
bronzeado	загорелый	[zagɔrélij]
protetor (m) solar	крем (м) для загара	[krém dlʲa zagára]
biquíni (m)	бикини (с)	[bikíni]
fato (m) de banho	купальник (м)	[kupálʲnik]
calção (m) de banho	плавки (мн)	[pláfki]
piscina (f)	бассейн (м)	[basǽjn]
nadar (vi)	плавать (нсв, нпх)	[plávatʲ]
duche (m)	душ (м)	[dúʃ]
mudar de roupa	переодеваться (нсв, возв)	[pereɔdevátsa]
toalha (f)	полотенце (с)	[pɔlɔténtse]
barco (m)	лодка (ж)	[lótka]
lancha (f)	катер (м)	[káter]
esqui (m) aquático	водные лыжи (мн)	[vódnie lĩʒi]
barco (m) de pedais	водный велосипед (м)	[vódnij velɔsipéd]
surf (m)	серфинг (м)	[sǿrfing]
surfista (m)	серфингист (м)	[serfingíst]
equipamento (m) de mergulho	акваланг (м)	[akvaláng]
barbatanas (f pl)	ласты (ж мн)	[lásti]
máscara (f)	маска (ж)	[máska]
mergulhador (m)	ныряльщик (м)	[nirʲálʲʃik]
mergulhar (vi)	нырять (нсв, нпх)	[nirʲátʲ]
debaixo d'água	под водой	[pɔd vɔdój]
guarda-sol (m)	зонт (м)	[zónt]
espreguiçadeira (f)	шезлонг (м)	[ʃɛzlóng]
óculos (m pl) de sol	очки (мн)	[ɔʧkí]
colchão (m) de ar	плавательный матрац (м)	[plávatelʲnij matrás]
brincar (vi)	играть (нсв, нпх)	[igrátʲ]
ir nadar	купаться (нсв, возв)	[kupátsa]
bola (f) de praia	мяч (м)	[mʲáʧ]
encher (vt)	надувать (нсв, пх)	[naduvátʲ]
inflável, de ar	надувной	[naduvnój]
onda (f)	волна (ж)	[vɔlná]
boia (f)	буй (м)	[búj]
afogar-se (pessoa)	тонуть (нсв, нпх)	[tɔnútʲ]
salvar (vt)	спасать (нсв, пх)	[spasátʲ]
colete (m) salva-vidas	спасательный жилет (м)	[spasátelʲnij ʒilét]
observar (vt)	наблюдать (нсв, нпх)	[nablʲudátʲ]
nadador-salvador (m)	спасатель (м)	[spasátelʲ]

EQUIPAMENTO TÉCNICO. TRANSPORTES

Equipamento técnico. Transportes

139. Computador

computador (m)	компьютер (м)	[kɔmpjútɛr]
portátil (m)	ноутбук (м)	[nɔutbúk]
ligar (vt)	включить (св, пх)	[fklʲutʃítʲ]
desligar (vt)	выключить (св, пх)	[vɨklʲutʃitʲ]
teclado (m)	клавиатура (ж)	[klaviatúra]
tecla (f)	клавиша (ж)	[kláviʃa]
rato (m)	мышь (ж)	[mɨʃ]
tapete (m) de rato	коврик (м)	[kóvrik]
botão (m)	кнопка (ж)	[knópka]
cursor (m)	курсор (м)	[kursór]
monitor (m)	монитор (м)	[mɔnitór]
ecrã (m)	экран (м)	[ɛkrán]
disco (m) rígido	жёсткий диск (м)	[ʒóstkij dísk]
capacidade (f) do disco rígido	объём (м) жёсткого диска	[ɔbjóm ʒóstkɔvɔ díska]
memória (f)	память (ж)	[pámɨtʲ]
memória RAM (f)	оперативная память (ж)	[ɔperatívnaja pámɨtʲ]
ficheiro (m)	файл (м)	[fájl]
pasta (f)	папка (ж)	[pápka]
abrir (vt)	открыть (св, пх)	[ɔtkrɨ́tʲ]
fechar (vt)	закрыть (св, пх)	[zakrɨ́tʲ]
guardar (vt)	сохранить (св, пх)	[sɔhranítʲ]
apagar, eliminar (vt)	удалить (св, пх)	[udalítʲ]
copiar (vt)	скопировать (св, пх)	[skɔpírɔvatʲ]
ordenar (vt)	сортировать (нсв, пх)	[sɔrtirɔvátʲ]
copiar (vt)	переписать (св, пх)	[perepisátʲ]
programa (m)	программа (ж)	[prɔgráma]
software (m)	программное обеспечение (с)	[prɔgrámnɔe ɔbespetʃénie]
programador (m)	программист (м)	[prɔgramíst]
programar (vt)	программировать (нсв, пх)	[prɔgramírɔvatʲ]
hacker (m)	хакер (м)	[háker]
senha (f)	пароль (м)	[parólʲ]
vírus (m)	вирус (м)	[vírus]
detetar (vt)	обнаружить (св, пх)	[ɔbnarúʒitʲ]

| byte (m) | байт (м) | [bájt] |
| megabyte (m) | мегабайт (м) | [megabájt] |

| dados (m pl) | данные (мн) | [dánnie] |
| base (f) de dados | база (ж) данных | [báza dánnih] |

cabo (m)	кабель (м)	[kábeli]
desconectar (vt)	отсоединить (св, пх)	[otsoediníti]
conetar (vt)	подсоединить (св, пх)	[potsoediníti]

140. Internet. E-mail

internet (f)	интернет (м)	[intɛrnǽt]
browser (m)	браузер (м)	[bráuzer]
motor (m) de busca	поисковый ресурс (м)	[poiskóvij resúrs]
provedor (m)	провайдер (м)	[provájder]

webmaster (m)	веб-мастер (м)	[vɛb-máster]
website, sítio web (m)	веб-сайт (м)	[vɛb-sájt]
página (f) web	веб-страница (ж)	[vɛb-stranítsa]

| endereço (m) | адрес (м) | [ádres] |
| livro (m) de endereços | адресная книга (ж) | [ádresnaja kníga] |

caixa (f) de correio	почтовый ящик (м)	[potʃtóvij jáʃik]
correio (m)	почта (ж)	[pótʃta]
cheia (caixa de correio)	переполненный	[perepólnenij]

mensagem (f)	сообщение (с)	[soopʃénie]
mensagens (f pl) recebidas	входящие сообщения (с мн)	[fhodiáʃie soopʃénija]
mensagens (f pl) enviadas	исходящие сообщения (с мн)	[isxodiáʃie soopʃénija]

remetente (m)	отправитель (м)	[otpravíteli]
enviar (vt)	отправить (св, пх)	[otprávit']
envio (m)	отправка (ж)	[otpráfka]

| destinatário (m) | получатель (м) | [polutʃáteli] |
| receber (vt) | получить (св, пх) | [polutʃíti] |

| correspondência (f) | переписка (ж) | [perepíska] |
| corresponder-se (vr) | переписываться (нсв, возв) | [perepísivatsa] |

ficheiro (m)	файл (м)	[fájl]
fazer download, baixar	скачать (св, пх)	[skatʃáti]
criar (vt)	создать (св, пх)	[sozdáti]
apagar, eliminar (vt)	удалить (св, пх)	[udalíti]
eliminado	удалённый	[udalǿnnij]

conexão (f)	связь (ж)	[sviási]
velocidade (f)	скорость (ж)	[skórosti]
modem (m)	модем (м)	[modǽm]
acesso (m)	доступ (м)	[dóstup]
porta (f)	порт (м)	[pórt]

| conexão (f) | подключение (с) | [pɔtklʲutʃénie] |
| conetar (vi) | подключиться (св, возв) | [pɔtklʲutʃítsa] |

| escolher (vt) | выбрать (св, пх) | [vībratʲ] |
| buscar (vt) | искать ... (нсв, пх) | [iskátʲ ...] |

Transportes

avião (m)	самолёт (м)	[samɔlǿt]
bilhete (m) de avião	авиабилет (м)	[aviabilét]
companhia (f) aérea	авиакомпания (ж)	[avia·kɔmpánija]
aeroporto (m)	аэропорт (м)	[aɛrɔpórt]
supersónico	сверхзвуковой	[sverh·zvukɔvój]
comandante (m) do avião	командир (м) корабля	[kɔmandír kɔrablʲá]
tripulação (f)	экипаж (м)	[ɛkipáʃ]
piloto (m)	пилот (м)	[pilót]
hospedeira (f) de bordo	стюардесса (ж)	[stʲuardǽsa]
copiloto (m)	штурман (м)	[ʃtúrman]
asas (f pl)	крылья (с мн)	[krīlja]
cauda (f)	хвост (м)	[hvóst]
cabine (f) de pilotagem	кабина (ж)	[kabína]
motor (m)	двигатель (м)	[dvígatelʲ]
trem (m) de aterragem	шасси (с)	[ʃassí]
turbina (f)	турбина (ж)	[turbína]
hélice (f)	пропеллер (м)	[prɔpéller]
caixa-preta (f)	чёрный ящик (м)	[ʧórnij jáʃik]
coluna (f) de controlo	штурвал (м)	[ʃturvál]
combustível (m)	горючее (с)	[gorʲútʃee]
instruções (f pl) de segurança	инструкция по безопасности	[instrúktsija pɔ bezɔpásnɔsti]
máscara (f) de oxigénio	кислородная маска (ж)	[kislɔródnaja máska]
uniforme (m)	униформа (ж)	[unifórma]
colete (m) salva-vidas	спасательный жилет (м)	[spasátelʲnij ʒilét]
paraquedas (m)	парашют (м)	[paraʃút]
descolagem (f)	взлёт (м)	[vzlǿt]
descolar (vi)	взлетать (нсв, нпх)	[vzletátʲ]
pista (f) de descolagem	взлётная полоса (ж)	[vzlǿtnaja pɔlasá]
visibilidade (f)	видимость (ж)	[vídimɔstʲ]
voo (m)	полёт (м)	[pɔlǿt]
altura (f)	высота (ж)	[visɔtá]
poço (m) de ar	воздушная яма (ж)	[vɔzdúʃnaja jáma]
assento (m)	место (с)	[méstɔ]
auscultadores (m pl)	наушники (м мн)	[naúʃniki]
mesa (f) rebatível	откидной столик (м)	[ɔtkidnój stólik]
vigia (f)	иллюминатор (м)	[ilʲuminátɔr]
passagem (f)	проход (м)	[prɔhód]

142. Comboio

comboio (m)	поезд (м)	[póezd]
comboio (m) suburbano	электричка (ж)	[ɛlektrítʃka]
comboio (m) rápido	скорый поезд (м)	[skórij póezd]
locomotiva (f) diesel	тепловоз (м)	[teplɔvós]
locomotiva (f) a vapor	паровоз (м)	[parɔvós]
carruagem (f)	вагон (м)	[vagón]
carruagem restaurante (f)	вагон-ресторан (м)	[vagón-restɔrán]
carris (m pl)	рельсы (мн)	[rélʲsi]
caminho de ferro (m)	железная дорога (ж)	[ʒeléznaja dɔróga]
travessa (f)	шпала (ж)	[ʃpála]
plataforma (f)	платформа (ж)	[platfórma]
linha (f)	путь (м)	[pútʲ]
semáforo (m)	семафор (м)	[semafór]
estação (f)	станция (ж)	[stántsija]
maquinista (m)	машинист (м)	[maʃiníst]
bagageiro (m)	носильщик (м)	[nɔsílʲʃik]
hospedeiro, -a (da carruagem)	проводник (м)	[prɔvɔdník]
passageiro (m)	пассажир (м)	[pasaʒĭr]
revisor (m)	контролёр (м)	[kɔntrɔlør]
corredor (m)	коридор (м)	[kɔridór]
freio (m) de emergência	стоп-кран (м)	[stɔp-krán]
compartimento (m)	купе (с)	[kupæ]
cama (f)	полка (ж)	[pólka]
cama (f) de cima	верхняя полка (ж)	[vérhnʲaja pólka]
cama (f) de baixo	нижняя полка (ж)	[níʒnʲaja pólka]
roupa (f) de cama	постельное бельё (с)	[pɔstélʲnɔe beljǿ]
bilhete (m)	билет (м)	[bilét]
horário (m)	расписание (с)	[raspisánie]
painel (m) de informação	табло (с)	[tabló]
partir (vt)	отходить (нсв, нпх)	[ɔtxɔdítʲ]
partida (f)	отправление (с)	[ɔtpravlénie]
chegar (vi)	прибывать (нсв, нпх)	[pribivátʲ]
chegada (f)	прибытие (с)	[pribĭtie]
chegar de comboio	приехать поездом	[priéhatʲ póezdɔm]
apanhar o comboio	сесть на поезд	[séstʲ na póezd]
sair do comboio	сойти с поезда	[sɔjtí s póezda]
acidente (m) ferroviário	крушение (с)	[kruʃǽnie]
descarrilar (vi)	сойти с рельс	[sɔjtí s rélʲs]
locomotiva (f) a vapor	паровоз (м)	[parɔvós]
fogueiro (m)	кочегар (м)	[kɔtʃegár]
fornalha (f)	топка (ж)	[tópka]
carvão (m)	уголь (м)	[úgɔlʲ]

143. Barco

navio (m)	корабль (м)	[koráblʲ]
embarcação (f)	судно (c)	[súdnɔ]
vapor (m)	пароход (м)	[parɔhód]
navio (m)	теплоход (м)	[teplɔhód]
transatlântico (m)	лайнер (м)	[lájner]
cruzador (m)	крейсер (м)	[kréjser]
iate (m)	яхта (ж)	[jáhta]
rebocador (m)	буксир (м)	[buksír]
barcaça (f)	баржа (ж)	[barʒá]
ferry (m)	паром (м)	[paróm]
veleiro (m)	парусник (м)	[párusnik]
bergantim (m)	бригантина (ж)	[brigantína]
quebra-gelo (m)	ледокол (м)	[ledɔkól]
submarino (m)	подводная лодка (ж)	[pɔdvódnaja lótka]
bote, barco (m)	лодка (ж)	[lótka]
bote, dingue (m)	шлюпка (ж)	[ʃlʲúpka]
bote (m) salva-vidas	спасательная шлюпка (ж)	[spasátelʲnaja ʃlʲúpka]
lancha (f)	катер (м)	[káter]
capitão (m)	капитан (м)	[kapitán]
marinheiro (m)	матрос (м)	[matrós]
marujo (m)	моряк (м)	[mɔrʲák]
tripulação (f)	экипаж (м)	[ɛkipáʃ]
contramestre (m)	боцман (м)	[bótsman]
grumete (m)	юнга (м)	[júnga]
cozinheiro (m) de bordo	кок (м)	[kók]
médico (m) de bordo	судовой врач (м)	[sudɔvój vrátʃ]
convés (m)	палуба (ж)	[páluba]
mastro (m)	мачта (ж)	[mátʃta]
vela (f)	парус (м)	[párus]
porão (m)	трюм (м)	[trʲúm]
proa (f)	нос (м)	[nós]
popa (f)	корма (ж)	[kɔrmá]
remo (m)	весло (c)	[vesló]
hélice (f)	винт (м)	[vínt]
camarote (m)	каюта (ж)	[kajúta]
sala (f) dos oficiais	кают-компания (ж)	[kajút-kɔmpánija]
sala (f) das máquinas	машинное отделение (c)	[maʃínnɔe ɔtdelénie]
ponte (m) de comando	капитанский мостик (м)	[kapitánskij móstik]
sala (f) de comunicações	радиорубка (ж)	[radiɔ·rúpka]
onda (f) de rádio	волна (ж)	[vɔlná]
diário (m) de bordo	судовой журнал (м)	[sudɔvój ʒurnál]
luneta (f)	подзорная труба (ж)	[pɔdzórnaja trubá]
sino (m)	колокол (м)	[kólɔkɔl]

bandeira (f)	флаг (м)	[flág]
cabo (m)	канат (м)	[kanát]
nó (m)	узел (м)	[úzel]

corrimão (m)	поручень (м)	[pórutʃenʲ]
prancha (f) de embarque	трап (м)	[tráp]

âncora (f)	якорь (м)	[jákɔrʲ]
recolher a âncora	поднять якорь	[pɔdnʲátʲ jákɔrʲ]
lançar a âncora	бросить якорь	[brósitʲ jákɔrʲ]
amarra (f)	якорная цепь (ж)	[jákɔrnaja tsæpʲ]

porto (m)	порт (м)	[pórt]
cais, amarradouro (m)	причал (м)	[pritʃál]
atracar (vi)	причаливать (нсв, нпх)	[pritʃálivatʲ]
desatracar (vi)	отчаливать (нсв, нпх)	[ɔtʃálivatʲ]

viagem (f)	путешествие (с)	[puteʃǽstvie]
cruzeiro (m)	круиз (м)	[kruís]
rumo (m), rota (f)	курс (м)	[kúrs]
itinerário (m)	маршрут (м)	[marʃrút]

canal (m) navegável	фарватер (м)	[farvátɛr]
banco (m) de areia	мель (ж)	[mélʲ]
encalhar (vt)	сесть на мель	[séstʲ na mélʲ]

tempestade (f)	буря (ж)	[búrʲa]
sinal (m)	сигнал (м)	[signál]
afundar-se (vr)	тонуть (нсв, нпх)	[tɔnútʲ]
Homem ao mar!	Человек за бортом!	[tʃelɔvék za bórtɔm]
SOS	SOS (м)	[sós]
boia (f) salva-vidas	спасательный круг (м)	[spasátelʲnij krúg]

144. Aeroporto

aeroporto (m)	аэропорт (м)	[aɛrɔpórt]
avião (m)	самолёт (м)	[samɔlǿt]
companhia (f) aérea	авиакомпания (ж)	[avia·kɔmpánija]
controlador (m) de tráfego aéreo	авиадиспетчер (м)	[avia·dispétʃer]

partida (f)	вылет (м)	[vˉilet]
chegada (f)	прилёт (м)	[prilǿt]
chegar (~ de avião)	прилететь (св, нпх)	[priletétʲ]

hora (f) de partida	время (с) вылета	[vrémʲa vˉileta]
hora (f) de chegada	время (с) прилёта	[vrémʲa prilǿta]

estar atrasado	задерживаться (нсв, возв)	[zadérʒivatsa]
atraso (m) de voo	задержка (ж) вылета	[zadérʃka vˉileta]

painel (m) de informação	информационное табло (с)	[infɔrmatsiónnɔe tabló]
informação (f)	информация (ж)	[infɔrmátsija]
anunciar (vt)	объявлять (нсв, пх)	[ɔbj·ivlʲátʲ]

voo (m)	рейс (м)	[réjs]
alfândega (f)	таможня (ж)	[tamóʒnʲa]
funcionário (m) da alfândega	таможенник (м)	[tamóʒenik]

declaração (f) alfandegária	декларация (ж)	[deklarátsija]
preencher (vt)	заполнить (св, пх)	[zapólnitʲ]
preencher a declaração	заполнить декларацию	[zapólnitʲ deklarátsiju]
controlo (m) de passaportes	паспортный контроль (м)	[páspɔrtnij kɔntrólʲ]

bagagem (f)	багаж (м)	[bagáʃ]
bagagem (f) de mão	ручная кладь (ж)	[rutʃnája klátʲ]
carrinho (m)	тележка (ж) для багажа	[teléʃka dlʲa bagaʒá]

aterragem (f)	посадка (ж)	[pɔsátka]
pista (f) de aterragem	посадочная полоса (ж)	[pɔsádɔtʃnaja pɔlɔsá]
aterrar (vi)	садиться (нсв, возв)	[sadítsa]
escada (f) de avião	трап (м)	[tráp]

check-in (m)	регистрация (ж)	[registrátsija]
balcão (m) do check-in	стойка (ж) регистрации	[stójka registrátsii]
fazer o check-in	зарегистрироваться (св, возв)	[zaregistrírɔvatsa]

| cartão (m) de embarque | посадочный талон (м) | [pɔsádɔtʃnij talón] |
| porta (f) de embarque | выход (м) | [vīhɔd] |

trânsito (m)	транзит (м)	[tranzít]
esperar (vi, vt)	ждать (нсв, пх)	[ʒdátʲ]
sala (f) de espera	зал (м) ожидания	[zál ɔʒidánija]
despedir-se de …	провожать (нсв, пх)	[prɔvɔʒátʲ]
despedir-se (vr)	прощаться (нсв, возв)	[prɔʃátsa]

145. Bicicleta. Motocicleta

bicicleta (f)	велосипед (м)	[velɔsipéd]
scotter, lambreta (f)	мотороллер (м)	[mɔtɔróler]
mota (f)	мотоцикл (м)	[mɔtɔtsīkl]

ir de bicicleta	ехать на велосипеде	[éhatʲ na velɔsipéde]
guiador (m)	руль (м)	[rúlʲ]
pedal (m)	педаль (ж)	[pedálʲ]
travões (m pl)	тормоза (м мн)	[tɔrmɔzá]
selim (m)	седло (с)	[sedló]

bomba (f) de ar	насос (м)	[nasós]
porta-bagagens (m)	багажник (м)	[bagáʒnik]
lanterna (f)	фонарь (м)	[fɔnárʲ]
capacete (m)	шлем (м)	[ʃlém]

roda (f)	колесо (с)	[kɔlesó]
guarda-lamas (m)	крыло (с)	[kriló]
aro (m)	обод (м)	[óbɔd]
raio (m)	спица (ж)	[spítsa]

135

Carros

146. Tipos de carros

carro, automóvel (m)	автомобиль (м)	[aftɔmɔbílʲ]
carro (m) desportivo	спортивный автомобиль (м)	[spɔrtívnij aftɔmɔbílʲ]
limusine (f)	лимузин (м)	[limuzín]
todo o terreno (m)	внедорожник (м)	[vnedɔróʒnik]
descapotável (m)	кабриолет (м)	[kabriɔlét]
minibus (m)	микроавтобус (м)	[mikrɔ·aftóbus]
ambulância (f)	скорая помощь (ж)	[skóraja pómɔʃ]
limpa-neve (m)	снегоуборочная машина (ж)	[snego·ubórɔtʃnaja maʃína]
camião (m)	грузовик (м)	[gruzɔvík]
camião-cisterna (m)	бензовоз (м)	[benzɔvós]
carrinha (f)	фургон (м)	[furgón]
camião-trator (m)	тягач (м)	[tɪgátʃ]
atrelado (m)	прицеп (м)	[pritsǽp]
confortável	комфортабельный	[kɔmfɔrtábelʲnij]
usado	подержанный	[pɔdérʒenij]

147. Carros. Carroçaria

capô (m)	капот (м)	[kapót]
guarda-lamas (m)	крыло (с)	[krɨló]
tejadilho (m)	крыша (ж)	[krɨ̃ʃa]
para-brisa (m)	ветровое стекло (с)	[vetrɔvóe stekló]
espelho (m) retrovisor	зеркало (с) заднего вида	[zérkalɔ zádnevɔ vída]
lavador (m)	омыватель (м)	[ɔmivátelʲ]
limpa-para-brisas (m)	дворники (мн)	[dvórniki]
vidro (m) lateral	боковое стекло (с)	[bɔkɔvóe stekló]
elevador (m) do vidro	стеклоподъёмник (м)	[steklɔ·pɔdjómnik]
antena (f)	антенна (ж)	[antǽna]
teto solar (m)	люк (м)	[lʲúk]
para-choques (m pl)	бампер (м)	[bámper]
bagageira (f)	багажник (м)	[bagáʒnik]
bagageira (f) de tejadilho	багажник (м)	[bagáʒnik]
porta (f)	дверца (ж)	[dvértsa]
maçaneta (f)	ручка (ж)	[rútʃka]
fechadura (f)	замок (м)	[zámɔk]

matrícula (f)	номер (м)	[nómer]
silenciador (m)	глушитель (м)	[gluʃitelʲ]
tanque (m) de gasolina	бензобак (м)	[benzɔbák]
tubo (m) de escape	выхлопная труба (ж)	[vihlɔpnája trubá]

acelerador (m)	газ (м)	[gás]
pedal (m)	педаль (ж)	[pedálʲ]
pedal (m) do acelerador	педаль (ж) газа	[pedálʲ gáza]

travão (m)	тормоз (м)	[tórmɔs]
pedal (m) do travão	педаль (ж) тормоза	[pedálʲ tórmɔza]
travar (vt)	тормозить (нсв, нпх)	[tɔrmɔzítʲ]
travão (m) de mão	стояночный тормоз (м)	[stɔjánɔtʃnij tórmɔs]

embraiagem (f)	сцепление (с)	[stsɛplénie]
pedal (m) da embraiagem	педаль (ж) сцепления	[pedálʲ stsɛplénija]
disco (m) de embraiagem	диск (м) сцепления	[dísk stsɛplénija]
amortecedor (m)	амортизатор (м)	[amɔrtizátɔr]

roda (f)	колесо (с)	[kɔlesó]
pneu (m) sobresselente	запасное колесо (с)	[zapasnóe kɔlesó]
tampão (m) de roda	колпак (м)	[kɔlpák]

rodas (f pl) motrizes	ведущие колёса (с мн)	[vedúʃie kɔlǿsa]
de tração dianteira	переднеприводный	[perédne·prívɔdnij]
de tração traseira	заднеприводный	[zádne·prívɔdnij]
de tração às 4 rodas	полноприводный	[pólnɔ·prívɔdnij]

caixa (f) de mudanças	коробка (ж) передач	[kɔrópka peredátʃ]
automático	автоматическая	[aftɔmatítʃeskaja]
mecânico	механическая	[mehanítʃeskaja]
alavanca (f) das mudanças	рычаг (м) коробки передач	[ritʃág kɔrópki peredátʃ]

| farol (m) | фара (ж) | [fára] |
| faróis, luzes | фары (ж мн) | [fári] |

médios (m pl)	ближний свет (м)	[blíʒnij svet]
máximos (m pl)	дальний свет (м)	[dálʲnij svet]
luzes (f pl) de stop	стоп-сигнал (м)	[stóp-signál]

mínimos (m pl)	габаритные огни (мн)	[gabarítnie ɔgní]
luzes (f pl) de emergência	аварийные огни (мн)	[avaríjnie ɔgní]
faróis (m pl) antinevoeiro	противотуманные фары (ж мн)	[prótivɔ·tumánnie fári]
pisca-pisca (m)	поворотник (м)	[pɔvɔrótnik]
luz (f) de marcha atrás	задний ход (м)	[zádnij hód]

148. Carros. Habitáculo

interior (m) do carro	салон (м)	[salón]
de couro, de pele	кожаный	[kóʒanij]
de veludo	велюровый	[velʲúrɔvij]
estofos (m pl)	обивка (ж)	[ɔbífka]
indicador (m)	прибор (м)	[pribór]

painel (m) de instrumentos	приборный щиток (м)	[pribórnij ʃitók]
velocímetro (m)	спидометр (м)	[spidómetr]
ponteiro (m)	стрелка (ж)	[strélka]

conta-quilómetros (m)	счётчик (м)	[ʃóttʃik]
sensor (m)	датчик (м)	[dáttʃik]
nível (m)	уровень (м)	[úrɔvenʲ]
luz (f) avisadora	лампочка (ж)	[lámpɔtʃka]

volante (m)	руль (м)	[rúlʲ]
buzina (f)	сигнал (м)	[signál]
botão (m)	кнопка (ж)	[knópka]
interruptor (m)	переключатель (м)	[pereklʲutʃátelʲ]

assento (m)	сиденье (с)	[sidénje]
costas (f pl) do assento	спинка (ж)	[spínka]
cabeceira (f)	подголовник (м)	[pɔdgɔlóvnik]
cinto (m) de segurança	ремень (м) безопасности	[reménʲ bezɔpásnɔsti]
apertar o cinto	пристегнуть ремень	[pristegnútʲ reménʲ]
regulação (f)	регулировка (ж)	[regulirófka]

| airbag (m) | воздушная подушка (ж) | [vɔzdúʃnaja pɔdúʃka] |
| ar (m) condicionado | кондиционер (м) | [kɔnditsiɔnér] |

rádio (m)	радио (с)	[rádiɔ]
leitor (m) de CD	CD-проигрыватель (м)	[si·dí-prɔígrivatelʲ]
ligar (vt)	включить (св, пх)	[fklʲutʃítʲ]
antena (f)	антенна (ж)	[anténa]
porta-luvas (m)	бардачок (м)	[bardatʃók]
cinzeiro (m)	пепельница (ж)	[pépelʲnitsa]

149. Carros. Motor

motor (m)	двигатель (м)	[dvígatelʲ]
motor (m)	мотор (м)	[mɔtór]
diesel	дизельный	[dízelʲnij]
a gasolina	бензиновый	[benzínɔvij]

cilindrada (f)	объём (м) двигателя	[ɔbjóm dvígatelʲa]
potência (f)	мощность (ж)	[móʃnɔstʲ]
cavalo-vapor (m)	лошадиная сила (ж)	[lɔʃidínaja síla]
pistão (m)	поршень (м)	[pórʃɛnʲ]
cilindro (m)	цилиндр (м)	[tsilíndr]
válvula (f)	клапан (м)	[klápan]

injetor (m)	инжектор (м)	[inʒǽktɔr]
gerador (m)	генератор (м)	[generátɔr]
carburador (m)	карбюратор (м)	[karbʲurátɔr]
óleo (m) para motor	моторное масло (с)	[mɔtórnɔe máslɔ]

| radiador (m) | радиатор (м) | [radiátɔr] |
| refrigerante (m) | охлаждающая жидкость (ж) | [ɔhlaʒdájuʃaja ʒĩtkɔstʲ] |

| ventilador (m) | вентилятор (м) | [ventilʲátɔr] |

bateria (f)	аккумулятор (м)	[akumulʲátɔr]
dispositivo (m) de arranque	стартер (м)	[stárter]
ignição (f)	зажигание (c)	[zaʒigánie]
vela (f) de ignição	свеча (ж) зажигания	[svetʃá zaʒigánija]

borne (m)	клемма (ж)	[klémma]
borne (m) positivo	плюс (м)	[plʲús]
borne (m) negativo	минус (м)	[mínus]
fusível (m)	предохранитель (м)	[predɔhranítelʲ]

filtro (m) de ar	воздушный фильтр (м)	[vɔzdúʃnij fílʲtr]
filtro (m) de óleo	масляный фильтр (м)	[máslınij fílʲtr]
filtro (m) de combustível	топливный фильтр (м)	[tóplivnij fílʲtr]

150. Carros. Batidas. Reparação

acidente (m) de carro	авария (ж)	[avárija]
acidente (m) rodoviário	дорожное происшествие (c)	[dɔróʒnɔe prɔiʃǽstvie]
ir contra …	врезаться (нсв, возв)	[vrézatsa]
sofrer um acidente	разбиться (св, возв)	[razbítsa]
danos (m pl)	повреждение (c)	[pɔvreʒdénie]
intato	целый	[tsǽlıj]

avaria (no motor, etc.)	поломка (ж)	[pɔlómka]
avariar (vi)	сломаться (св, возв)	[slɔmátsa]
cabo (m) de reboque	буксировочный трос (м)	[buksiróvɔtʃnij trós]

furo (m)	прокол (м)	[prɔkól]
estar furado	спустить (св, нпх)	[spustítʲ]
encher (vt)	накачивать (нсв, пх)	[nakátʃivatʲ]
pressão (f)	давление (c)	[davlénie]
verificar (vt)	проверить (св, пх)	[prɔvéritʲ]

reparação (f)	ремонт (м)	[remónt]
oficina (f) de reparação de carros	автосервис (м)	[aftɔ·sǽrvis]
peça (f) sobresselente	запчасть (ж)	[zaptʃástʲ]
peça (f)	деталь (ж)	[detálʲ]

parafuso (m)	болт (м)	[bólt]
parafuso (m)	винт (м)	[vínt]
porca (f)	гайка (ж)	[gájka]
anilha (f)	шайба (ж)	[ʃájba]
rolamento (m)	подшипник (м)	[pɔdʃípnik]

tubo (m)	трубка (ж)	[trúpka]
junta (f)	прокладка (ж)	[prɔklátka]
fio, cabo (m)	провод (м)	[próvɔd]

macaco (m)	домкрат (м)	[dɔmkrát]
chave (f) de boca	гаечный ключ (м)	[gáetʃnij klʲútʃ]
martelo (m)	молоток (м)	[mɔlɔtók]
bomba (f)	насос (м)	[nasós]

chave (f) de fendas	отвёртка (ж)	[ɔtvǿrtka]
extintor (m)	огнетушитель (м)	[ɔgnetuʃitelʲ]
triângulo (m) de emergência	аварийный треугольник (м)	[avaríjnij treugólʲnik]

parar (vi) (motor)	глохнуть (нсв, нпх)	[glóhnutʲ]
paragem (f)	остановка (ж)	[ɔstanófka]
estar quebrado	быть сломанным	[bɨtʲ slómannim]

superaquecer-se (vr)	перегреться (св, возв)	[peregrétsa]
entupir-se (vr)	засориться (св, возв)	[zasɔrítsa]
congelar-se (vr)	замёрзнуть (св, нпх)	[zamǿrznutʲ]
rebentar (vi)	лопнуть (св, нпх)	[lópnutʲ]

pressão (f)	давление (с)	[davlénie]
nível (m)	уровень (м)	[úrɔvenʲ]
frouxo	слабый	[slábij]

mossa (f)	вмятина (ж)	[vmʲátina]
ruído (m)	стук (м)	[stúk]
fissura (f)	трещина (ж)	[tréʃina]
arranhão (m)	царапина (ж)	[tsarápina]

151. Carros. Estrada

estrada (f)	дорога (ж)	[dɔróga]
autoestrada (f)	автомагистраль (ж)	[áftɔ·magistrálʲ]
rodovia (f)	шоссе (с)	[ʃɔssǽ]
direção (f)	направление (с)	[napravlénie]
distância (f)	расстояние (с)	[rastɔjánie]

ponte (f)	мост (м)	[móst]
parque (m) de estacionamento	паркинг (м)	[párking]
praça (f)	площадь (ж)	[plóʃatʲ]
nó (m) rodoviário	развязка (ж)	[razvʲáska]
túnel (m)	тоннель (м)	[tɔnǽlʲ]

posto (m) de gasolina	автозаправка (ж)	[aftɔ·zapráfka]
parque (m) de estacionamento	автостоянка (ж)	[aftɔ·stɔjánka]
bomba (f) de gasolina	колонка (ж)	[kɔlónka]
oficina (f) de reparação de carros	гараж (м)	[garáʃ]

abastecer (vt)	заправить (св, пх)	[zaprávitʲ]
combustível (m)	топливо (с)	[tóplivɔ]
bidão (m) de gasolina	канистра (ж)	[kanístra]

asfalto (m)	асфальт (м)	[asfálʲt]
marcação (f) de estradas	разметка (ж)	[razmétka]
lancil (m)	бордюр (м)	[bɔrdʲúr]
proteção (f) guard-rail	ограждение (с)	[ɔgraʒdénie]
valeta (f)	кювет (м)	[kʲuvét]
berma (f) da estrada	обочина (ж)	[ɔbótʃina]
poste (m) de luz	столб (м)	[stólb]
conduzir, guiar (vt)	вести (нсв, пх)	[vestí]

virar (ex. ~ à direita)	поворачивать (нсв, нпх)	[pɔvɔrátʃivatʲ]
dar retorno	разворачиваться (нсв, возв)	[razvɔrátʃivatsa]
marcha-atrás (f)	задний ход (м)	[zádnij hód]
buzinar (vi)	сигналить (нсв, нпх)	[signálitʲ]
buzina (f)	звуковой сигнал (м)	[zvukɔvój signál]
atolar-se (vr)	застрять (св, нпх)	[zastrʲátʲ]
patinar (na lama)	буксовать (нсв, нпх)	[buksɔvátʲ]
desligar (vt)	глушить (нсв, пх)	[gluʃítʲ]
velocidade (f)	скорость (ж)	[skórɔstʲ]
exceder a velocidade	превысить скорость	[prevīsitʲ skórɔstʲ]
multar (vt)	штрафовать (нсв, пх)	[ʃtrafɔvátʲ]
semáforo (m)	светофор (м)	[svetɔfór]
carta (f) de condução	водительские права (мн)	[vɔdítelʲskie pravá]
passagem (f) de nível	переезд (м)	[pereézd]
cruzamento (m)	перекрёсток (м)	[perekrǿstɔk]
passadeira (f)	пешеходный переход (м)	[peʃɛhódnij perehód]
curva (f)	поворот (м)	[pɔvɔrót]
zona (f) pedonal	пешеходная зона (ж)	[peʃɛhódnaja zóna]

PESSOAS. EVENTOS

Eventos

festa (f)	праздник (м)	[práznik]
festa (f) nacional	национальный праздник (м)	[natsiɔnálʲnij práznik]
feriado (m)	праздничный день (м)	[práznitʃnij dénʲ]
festejar (vt)	праздновать (нсв, пх)	[práznɔvatʲ]
evento (festa, etc.)	событие (с)	[sɔbĩtie]
evento (banquete, etc.)	мероприятие (с)	[merɔprijátie]
banquete (m)	банкет (м)	[bankét]
receção (f)	приём (м)	[prijóm]
festim (m)	пир (м)	[pír]
aniversário (m)	годовщина (ж)	[gɔdɔfʃína]
jubileu (m)	юбилей (м)	[jubiléj]
celebrar (vt)	отметить (св, пх)	[ɔtmétitʲ]
Ano (m) Novo	Новый год (м)	[nóvij gód]
Feliz Ano Novo!	С Новым Годом!	[s nóvim gódɔm]
Natal (m)	Рождество (с)	[rɔʒdestvó]
Feliz Natal!	Весёлого Рождества!	[vesɵlɔvɔ rɔʒdestvá]
árvore (f) de Natal	Новогодняя ёлка (ж)	[nɔvɔgódnʲaja jólka]
fogo (m) de artifício	салют (м)	[salʲút]
boda (f)	свадьба (ж)	[svátʲba]
noivo (m)	жених (м)	[ʒeníh]
noiva (f)	невеста (ж)	[nevésta]
convidar (vt)	приглашать (нсв, пх)	[priglaʃátʲ]
convite (m)	приглашение (с)	[priglaʃǽnie]
convidado (m)	гость (м)	[góstʲ]
visitar (vt)	идти в гости	[itʲtí v gósti]
receber os hóspedes	встречать гостей	[fstretʃátʲ gostéj]
presente (m)	подарок (м)	[pɔdárɔk]
oferecer (vt)	дарить (нсв, пх)	[darítʲ]
receber presentes	получать подарки	[pɔlutʃátʲ pɔdárki]
ramo (m) de flores	букет (м)	[bukét]
felicitações (f pl)	поздравление (с)	[pɔzdravlénie]
felicitar (dar os parabéns)	поздравлять (нсв, пх)	[pɔzdravlʲátʲ]
cartão (m) de parabéns	поздравительная открытка (ж)	[pɔzdravítelʲnaja ɔtkrĩtka]

| enviar um postal | отправить открытку | [ɔtprávitʲ ɔtkrĩtku] |
| receber um postal | получить открытку | [pɔluʧĩtʲ ɔtkrĩtku] |

brinde (m)	тост (м)	[tóst]
oferecer (vt)	угощать (нсв, пх)	[ugɔʃátʲ]
champanhe (m)	шампанское (с)	[ʃampánskɔe]

divertir-se (vr)	веселиться (нсв, возв)	[veselíʦa]
diversão (f)	веселье (с)	[vesélje]
alegria (f)	радость (ж)	[rádɔstʲ]

| dança (f) | танец (м) | [táneʦ] |
| dançar (vi) | танцевать (нсв, н/пх) | [tanʦɛvátʲ] |

| valsa (f) | вальс (м) | [válʲs] |
| tango (m) | танго (с) | [tángɔ] |

153. Funerais. Enterro

cemitério (m)	кладбище (с)	[kládbiʃʲe]
sepultura (f), túmulo (m)	могила (ж)	[mɔgíla]
cruz (f)	крест (м)	[krést]
lápide (f)	надгробие (с)	[nadgróbie]
cerca (f)	ограда (ж)	[ɔgráda]
capela (f)	часовня (ж)	[ʧasóvnʲa]

morte (f)	смерть (ж)	[smértʲ]
morrer (vi)	умереть (св, нпх)	[umerétʲ]
defunto (m)	покойник (м)	[pɔkójnik]
luto (m)	траур (м)	[tráur]

enterrar, sepultar (vt)	хоронить (нсв, пх)	[hɔrɔnítʲ]
agência (f) funerária	похоронное бюро (с)	[pɔhɔrónnɔe bʲuró]
funeral (m)	похороны (мн)	[póhɔrɔnɨ]

coroa (f) de flores	венок (м)	[venók]
caixão (m)	гроб (м)	[grób]
carro (m) funerário	катафалк (м)	[katafálk]
mortalha (f)	саван (м)	[sávan]

procissão (f) funerária	траурная процессия (ж)	[tráurnaja prɔʦæsija]
urna (f) funerária	урна (ж)	[úrna]
crematório (m)	крематорий (м)	[krematórij]

obituário (m), necrologia (f)	некролог (м)	[nekrɔlóg]
chorar (vi)	плакать (нсв, нпх)	[plákatʲ]
soluçar (vi)	рыдать (нсв, нпх)	[ridátʲ]

154. Guerra. Soldados

| pelotão (m) | взвод (м) | [vzvód] |
| companhia (f) | рота (ж) | [róta] |

regimento (m)	полк (м)	[pólk]
exército (m)	армия (ж)	[ármija]
divisão (f)	дивизия (ж)	[divízija]
destacamento (m)	отряд (м)	[ɔtrʲád]
hoste (f)	войско (с)	[vójskɔ]
soldado (m)	солдат (м)	[sɔldát]
oficial (m)	офицер (м)	[ɔfitsǽr]
soldado (m) raso	рядовой (м)	[rɪdɔvój]
sargento (m)	сержант (м)	[serʒánt]
tenente (m)	лейтенант (м)	[lejtenánt]
capitão (m)	капитан (м)	[kapitán]
major (m)	майор (м)	[majór]
coronel (m)	полковник (м)	[pɔlkóvnik]
general (m)	генерал (м)	[generál]
marujo (m)	моряк (м)	[mɔrʲák]
capitão (m)	капитан (м)	[kapitán]
contramestre (m)	боцман (м)	[bótsman]
artilheiro (m)	артиллерист (м)	[artileríst]
soldado (m) paraquedista	десантник (м)	[desántnik]
piloto (m)	лётчик (м)	[lǿtʃik]
navegador (m)	штурман (м)	[ʃtúrman]
mecânico (m)	механик (м)	[mehánik]
sapador (m)	сапёр (м)	[sapǿr]
paraquedista (m)	парашютист (м)	[paraʃutíst]
explorador (m)	разведчик (м)	[razvétʧik]
franco-atirador (m)	снайпер (м)	[snájper]
patrulha (f)	патруль (м)	[patrúlʲ]
patrulhar (vt)	патрулировать (нсв, н/пх)	[patrulírɔvatʲ]
sentinela (f)	часовой (м)	[ʧasɔvój]
guerreiro (m)	воин (м)	[vóin]
patriota (m)	патриот (м)	[patriót]
herói (m)	герой (м)	[gerój]
heroína (f)	героиня (ж)	[gerɔínʲa]
traidor (m)	предатель (м)	[predátelʲ]
desertor (m)	дезертир (м)	[dezertír]
desertar (vt)	дезертировать (нсв, нпх)	[dezertírɔvatʲ]
mercenário (m)	наёмник (м)	[najómnik]
recruta (m)	новобранец (м)	[nɔvɔbránets]
voluntário (m)	доброволец (м)	[dɔbrɔvólets]
morto (m)	убитый (м)	[ubítij]
ferido (m)	раненый (м)	[ránenij]
prisioneiro (m) de guerra	пленный (м)	[plénnij]

155. Guerra. Ações militares. Parte 1

guerra (f)	война (ж)	[vɔjná]
guerrear (vt)	воевать (нсв, нпх)	[vɔevátʲ]
guerra (f) civil	гражданская война (ж)	[graʒdánskaja vɔjná]

perfidamente	вероломно	[verɔlómnɔ]
declaração (f) de guerra	объявление войны	[ɔbjɪvlénie vɔjnɯ̃]
declarar (vt) guerra	объявить (св, пх)	[ɔbjɪvítʲ]
agressão (f)	агрессия (ж)	[agrǽsija]
atacar (vt)	нападать (нсв, нпх)	[napadátʲ]

invadir (vt)	захватывать (нсв, пх)	[zahvátivatʲ]
invasor (m)	захватчик (м)	[zahvátʧik]
conquistador (m)	завоеватель (м)	[zavɔevátelʲ]

defesa (f)	оборона (ж)	[ɔbɔróna]
defender (vt)	оборонять (нсв, пх)	[ɔbɔrɔnʲátʲ]
defender-se (vr)	обороняться (нсв, возв)	[ɔbɔrɔnʲátsa]

inimigo (m)	враг (м)	[vrág]
adversário (m)	противник (м)	[protívnik]
inimigo	вражеский	[vráʒeskij]

| estratégia (f) | стратегия (ж) | [stratǽgija] |
| tática (f) | тактика (ж) | [táktika] |

ordem (f)	приказ (м)	[prikás]
comando (m)	команда (ж)	[kɔmánda]
ordenar (vt)	приказывать (нсв, пх)	[prikázivatʲ]
missão (f)	задание (с)	[zadánie]
secreto	секретный	[sekrétnij]

| batalha (f) | сражение (с) | [sraʒǽnie] |
| combate (m) | бой (м) | [bój] |

ataque (m)	атака (ж)	[atáka]
assalto (m)	штурм (м)	[ʃtúrm]
assaltar (vt)	штурмовать (нсв, пх)	[ʃturmɔvátʲ]
assédio, sítio (m)	осада (ж)	[ɔsáda]

| ofensiva (f) | наступление (с) | [nastuplénie] |
| passar à ofensiva | наступать (нсв, нпх) | [nastupátʲ] |

| retirada (f) | отступление (с) | [ɔtstuplénie] |
| retirar-se (vr) | отступать (нсв, нпх) | [ɔtstupátʲ] |

| cerco (m) | окружение (с) | [ɔkruʒǽnie] |
| cercar (vt) | окружать (нсв, пх) | [ɔkruʒátʲ] |

bombardeio (m)	бомбёжка (ж)	[bɔmbǿʒka]
lançar uma bomba	сбросить бомбу	[zbrósitʲ bómbu]
bombardear (vt)	бомбить (нсв, пх)	[bɔmbítʲ]
explosão (f)	взрыв (м)	[vzrɯ̃f]
tiro (m)	выстрел (м)	[vɯ̃strel]

| disparar um tiro | выстрелить (св, нпх) | [vīstrelitʲ] |
| tiroteio (m) | стрельба (ж) | [strelʲbá] |

apontar para ...	целиться (нсв, возв)	[tsǽlitsa]
apontar (vt)	навести (св, пх)	[navestí]
acertar (vt)	попасть (св, нпх)	[pɔpástʲ]

afundar (um navio)	потопить (св, пх)	[pɔtɔpítʲ]
brecha (f)	пробоина (ж)	[prɔbóina]
afundar-se (vr)	идти ко дну (нсв)	[itʲtí kɔ dnú]

frente (m)	фронт (м)	[frónt]
evacuação (f)	эвакуация (ж)	[ɛvakuátsija]
evacuar (vt)	эвакуировать (н/св, пх)	[ɛvakuírɔvatʲ]

trincheira (f)	окоп (м)	[ɔkóp]
arame (m) farpado	колючая проволока (ж)	[kɔlʲútʃaja própvolka]
obstáculo (m) anticarro	заграждение (с)	[zagraʒdénie]
torre (f) de vigia	вышка (ж)	[vīʃka]

hospital (m)	госпиталь (м)	[góspitalʲ]
ferir (vt)	ранить (н/св, пх)	[ránitʲ]
ferida (f)	рана (ж)	[rána]
ferido (m)	раненый (м)	[ránenij]
ficar ferido	получить ранение	[pɔlutʃítʲ ranénie]
grave (ferida ~)	тяжёлый	[tɪʒólij]

156. Armas

arma (f)	оружие (с)	[ɔrúʒie]
arma (f) de fogo	огнестрельное оружие (с)	[ɔgnestrélʲnɔe ɔrúʒie]
arma (f) branca	холодное оружие (с)	[hɔlódnɔe ɔrúʒie]

arma (f) química	химическое оружие (с)	[himítʃeskɔe ɔrúʒie]
nuclear	ядерный	[jádernij]
arma (f) nuclear	ядерное оружие (с)	[jádernɔe ɔrúʒie]

| bomba (f) | бомба (ж) | [bómba] |
| bomba (f) atómica | атомная бомба (ж) | [átɔmnaja bómba] |

pistola (f)	пистолет (м)	[pistɔlét]
caçadeira (f)	ружьё (с)	[ruʒjǿ]
pistola-metralhadora (f)	автомат (м)	[aftɔmát]
metralhadora (f)	пулемёт (м)	[pulemǿt]

boca (f)	дуло (с)	[dúlɔ]
cano (m)	ствол (м)	[stvól]
calibre (m)	калибр (м)	[kalíbr]

gatilho (m)	курок (м)	[kurók]
mira (f)	прицел (м)	[pritsǽl]
carregador (m)	магазин (м)	[magazín]
coronha (f)	приклад (м)	[priklád]
granada (f) de mão	граната (ж)	[granáta]

explosivo (m)	взрывчатка (ж)	[vzriftʃátka]
bala (f)	пуля (ж)	[púlʲa]
cartucho (m)	патрон (м)	[patrón]
carga (f)	заряд (м)	[zarʲád]
munições (f pl)	боеприпасы (мн)	[bɔepripási]
bombardeiro (m)	бомбардировщик (м)	[bombardirófʃik]
avião (m) de caça	истребитель (м)	[istrebítelʲ]
helicóptero (m)	вертолёт (м)	[vertɔlɔ́t]
canhão (m) antiaéreo	зенитка (ж)	[zenítka]
tanque (m)	танк (м)	[tánk]
canhão (de um tanque)	пушка (ж)	[púʃka]
artilharia (f)	артиллерия (ж)	[artilérija]
fazer a pontaria	навести на ... (св)	[navestí na ...]
obus (m)	снаряд (м)	[snarʲád]
granada (f) de morteiro	мина (ж)	[mína]
morteiro (m)	миномёт (м)	[minɔmɔ́t]
estilhaço (m)	осколок (м)	[ɔskólɔk]
submarino (m)	подводная лодка (ж)	[pɔdvódnaja lótka]
torpedo (m)	торпеда (ж)	[tɔrpéda]
míssil (m)	ракета (ж)	[rakéta]
carregar (uma arma)	заряжать (нсв, пх)	[zarɪʒátʲ]
atirar, disparar (vi)	стрелять (нсв, нпх)	[strelʲátʲ]
apontar para ...	целиться (нсв, возв)	[ʦǽliʦa]
baioneta (f)	штык (м)	[ʃtĭk]
espada (f)	шпага (ж)	[ʃpága]
sabre (m)	сабля (ж)	[sáblʲa]
lança (f)	копьё (с)	[kɔpjɔ́]
arco (m)	лук (м)	[lúk]
flecha (f)	стрела (ж)	[strelá]
mosquete (m)	мушкет (м)	[muʃkét]
besta (f)	арбалет (м)	[arbalét]

157. Povos da antiguidade

primitivo	первобытный	[pervɔbĭtnij]
pré-histórico	доисторический	[dɔistɔríʧeskij]
antigo	древний	[drévnij]
Idade (f) da Pedra	Каменный Век (м)	[kámennij vek]
Idade (f) do Bronze	Бронзовый Век (м)	[brónzɔvij vek]
período (m) glacial	ледниковый период (м)	[lednikóvij períud]
tribo (f)	племя (с)	[plémʲa]
canibal (m)	людоед (м)	[lʲudɔéd]
caçador (m)	охотник (м)	[ɔhótnik]
caçar (vi)	охотиться (нсв, возв)	[ɔhótiʦa]
mamute (m)	мамонт (м)	[mámɔnt]

caverna (f)	пещера (ж)	[peʃéra]
fogo (m)	огонь (м)	[ɔgónʲ]
fogueira (f)	костёр (м)	[kɔstǿr]
pintura (f) rupestre	наскальный рисунок (м)	[naskálʲnij risúnɔk]

ferramenta (f)	орудие (с) труда	[ɔrúdie trudá]
lança (f)	копьё (с)	[kɔpjǿ]
machado (m) de pedra	каменный топор (м)	[kámennij tɔpór]
guerrear (vt)	воевать (нсв, нпх)	[vɔevátʲ]
domesticar (vt)	приручать (нсв, пх)	[prirutʃátʲ]

ídolo (m)	идол (м)	[ídɔl]
adorar, venerar (vt)	поклоняться (нсв, возв)	[pɔklɔnʲátsa]
superstição (f)	суеверие (с)	[suevérie]

evolução (f)	эволюция (ж)	[ɛvɔlʲútsija]
desenvolvimento (m)	развитие (с)	[razvítie]
desaparecimento (m)	исчезновение (с)	[isʃeznɔvénie]
adaptar-se (vr)	приспосабливаться (нсв, возв)	[prispɔsáblivatsa]

arqueologia (f)	археология (ж)	[arheɔlógija]
arqueólogo (m)	археолог (м)	[arheólɔg]
arqueológico	археологический	[arheɔlɔgítʃeskij]

local (m) das escavações	раскопки (мн)	[raskópki]
escavações (f pl)	раскопки (мн)	[raskópki]
achado (m)	находка (ж)	[nahótka]
fragmento (m)	фрагмент (м)	[fragmént]

158. Idade média

povo (m)	народ (м)	[naród]
povos (m pl)	народы (м мн)	[naródi]
tribo (f)	племя (с)	[plémʲa]
tribos (f pl)	племена (с мн)	[plemená]

bárbaros (m pl)	варвары (м мн)	[várvari]
gauleses (m pl)	галлы (м мн)	[gáli]
godos (m pl)	готы (м мн)	[góti]
eslavos (m pl)	славяне (мн)	[slavʲáne]
víquingues (m pl)	викинги (м мн)	[víkingi]

| romanos (m pl) | римляне (мн) | [rímlɪne] |
| romano | римский | [rímskij] |

bizantinos (m pl)	византийцы (м мн)	[vizantíjtsi]
Bizâncio	Византия (ж)	[vizantíja]
bizantino	византийский	[vizantíjskij]

imperador (m)	император (м)	[imperátɔr]
líder (m)	вождь (м)	[vóʃtʲ]
poderoso	могущественный	[mɔgúʃestvenij]
rei (m)	король (м)	[kɔrólʲ]

governante (m)	правитель (м)	[pravítelʲ]
cavaleiro (m)	рыцарь (м)	[rΐtsarʲ]
senhor feudal (m)	феодал (м)	[feɔdál]
feudal	феодальный	[feɔdálʲnij]
vassalo (m)	вассал (м)	[vasál]
duque (m)	герцог (м)	[gértsɔg]
conde (m)	граф (м)	[gráf]
barão (m)	барон (м)	[barón]
bispo (m)	епископ (м)	[epískɔp]

armadura (f)	доспехи (мн)	[dɔspéhi]
escudo (m)	щит (м)	[ʃít]
espada (f)	меч (м)	[métʃ]
viseira (f)	забрало (с)	[zabrálɔ]
cota (f) de malha	кольчуга (ж)	[kɔlʲtʃúga]

cruzada (f)	крестовый поход (м)	[krestóvij pɔhód]
cruzado (m)	крестоносец (м)	[krestɔnósets]

território (m)	территория (ж)	[teritórija]
atacar (vt)	нападать (нсв, нпх)	[napadátʲ]
conquistar (vt)	завоевать (св, пх)	[zavɔevátʲ]
ocupar, invadir (vt)	захватить (св, пх)	[zahvatítʲ]
assédio, sítio (m)	осада (ж)	[ɔsáda]
sitiado	осаждённый	[ɔsaʒdǿnnij]
assediar, sitiar (vt)	осаждать (нсв, пх)	[ɔsaʒdátʲ]

inquisição (f)	инквизиция (ж)	[inkvizítsija]
inquisidor (m)	инквизитор (м)	[inkvizítɔr]
tortura (f)	пытка (ж)	[pΐtka]
cruel	жестокий	[ʒestókij]
herege (m)	еретик (м)	[eretík]
heresia (f)	ересь (ж)	[éresʲ]

navegação (f) marítima	мореплавание (с)	[more·plávanie]
pirata (m)	пират (м)	[pirát]
pirataria (f)	пиратство (с)	[pirátstvɔ]
abordagem (f)	абордаж (м)	[abɔrdáʃ]
presa (f), butim (m)	добыча (ж)	[dɔbΐtʃa]
tesouros (m pl)	сокровища (мн)	[sɔkróviʃa]

descobrimento (m)	открытие (с)	[ɔtkrΐtie]
descobrir (novas terras)	открыть (св, пх)	[ɔtkrΐtʲ]
expedição (f)	экспедиция (ж)	[ɛkspedítsija]

mosqueteiro (m)	мушкетёр (м)	[muʃketǿr]
cardeal (m)	кардинал (м)	[kardinál]
heráldica (f)	геральдика (ж)	[gerálʲdika]
heráldico	геральдический	[geralʲdítʃeskij]

159. Líder. Chefe. Autoridades

rei (m)	король (м)	[kɔrólʲ]
rainha (f)	королева (ж)	[kɔroléva]

| real | королевский | [korɔléfskij] |
| reino (m) | королевство (c) | [korɔléfstvɔ] |

| príncipe (m) | принц (м) | [prínts] |
| princesa (f) | принцесса (ж) | [printsǽsa] |

presidente (m)	президент (м)	[prezidént]
vice-presidente (m)	вице-президент (м)	[vítsɛ-prezidént]
senador (m)	сенатор (м)	[senátɔr]

monarca (m)	монарх (м)	[mɔnárh]
governante (m)	правитель (м)	[pravítelʲ]
ditador (m)	диктатор (м)	[diktátɔr]
tirano (m)	тиран (м)	[tirán]
magnata (m)	магнат (м)	[magnát]

diretor (m)	директор (м)	[diréktɔr]
chefe (m)	шеф (м)	[ʃǽf]
dirigente (m)	управляющий (м)	[upravlʲájuʃʲij]
patrão (m)	босс (м)	[bós]
dono (m)	хозяин (м)	[hɔzʲáin]

chefe (~ de delegação)	глава (ж)	[glavá]
autoridades (f pl)	власти (мн)	[vlásti]
superiores (m pl)	начальство (c)	[naʧálʲstvɔ]

governador (m)	губернатор (м)	[gubernátɔr]
cônsul (m)	консул (м)	[kónsul]
diplomata (m)	дипломат (м)	[diplɔmát]
Presidente (m) da Câmara	мэр (м)	[mǽr]
xerife (m)	шериф (м)	[ʃɛríf]

imperador (m)	император (м)	[imperátɔr]
czar (m)	царь (м)	[tsárʲ]
faraó (m)	фараон (м)	[faraón]
cã (m)	хан (м)	[hán]

160. Viloação da lei. Criminosos. Parte 1

bandido (m)	бандит (м)	[bandít]
crime (m)	преступление (c)	[prestuplénie]
criminoso (m)	преступник (м)	[prestúpnik]

ladrão (m)	вор (м)	[vór]
furto (m)	воровство (c)	[vɔrɔfstvó]
furto (m)	кража (ж)	[kráʒa]

raptar (ex. ~ uma criança)	похитить (св, пх)	[pɔhítitʲ]
rapto (m)	похищение (c)	[pɔhiʃʲénie]
raptor (m)	похититель (м)	[pɔhitítelʲ]

resgate (m)	выкуп (м)	[vīkup]
pedir resgate	требовать выкуп	[trébɔvatʲ vīkup]
roubar (vt)	грабить (нсв, пх)	[grábitʲ]

assaltante (m)	грабитель (м)	[grabítelʲ]
extorquir (vt)	вымогать (нсв, пх)	[vimɔgátʲ]
extorsionário (m)	вымогатель (м)	[vimɔgátelʲ]
extorsão (f)	вымогательство (с)	[vimɔgátelʲstvɔ]

matar, assassinar (vt)	убить (св, пх)	[ubítʲ]
homicídio (m)	убийство (с)	[ubíjstvɔ]
homicida, assassino (m)	убийца (ж)	[ubíjtsa]

tiro (m)	выстрел (м)	[vĩstrel]
dar um tiro	выстрелить (св, нпх)	[vĩstrelitʲ]
matar a tiro	застрелить (св, пх)	[zastrelítʲ]
atirar, disparar (vi)	стрелять (нсв, нпх)	[strelʲátʲ]
tiroteio (m)	стрельба (ж)	[strelʲbá]

incidente (m)	происшествие (с)	[prɔiʃǽstvie]
briga (~ de rua)	драка (ж)	[dráka]
vítima (f)	жертва (ж)	[ʒǽrtva]
danificar (vt)	повредить (св, пх)	[pɔvredítʲ]
dano (m)	ущерб (м)	[uʃérb]
cadáver (m)	труп (м)	[trúp]
grave	тяжкий	[tʲáʃkij]

atacar (vt)	напасть (св, нпх)	[napástʲ]
bater (espancar)	бить (нсв, пх)	[bítʲ]
espancar (vt)	избить (св, пх)	[izbítʲ]
tirar, roubar (dinheiro)	отнять (св, пх)	[ɔtnʲátʲ]
esfaquear (vt)	зарезать (св, пх)	[zarézatʲ]
mutilar (vt)	изувечить (св, пх)	[izuvétʃitʲ]
ferir (vt)	ранить (н/св, пх)	[ránitʲ]

chantagem (f)	шантаж (м)	[ʃantáʃ]
chantagear (vt)	шантажировать (нсв, пх)	[ʃantaʒĩrɔvatʲ]
chantagista (m)	шантажист (м)	[ʃantaʒĩst]

extorsão (em troca de proteção)	рэкет (м)	[rǽket]
extorsionário (m)	рэкетир (м)	[rɛketír]
gângster (m)	гангстер (м)	[gángstɛr]
máfia (f)	мафия (ж)	[máfija]

carteirista (m)	карманник (м)	[karmánnik]
assaltante, ladrão (m)	взломщик (м)	[vzlómʃik]
contrabando (m)	контрабанда (ж)	[kɔntrabánda]
contrabandista (m)	контрабандист (м)	[kɔntrabandíst]

falsificação (f)	подделка (ж)	[pɔddélka]
falsificar (vt)	подделывать (нсв, пх)	[pɔddélivatʲ]
falsificado	фальшивый	[falʲʃĩvij]

161. Viloação da lei. Criminosos. Parte 2

| violação (f) | изнасилование (с) | [iznasílɔvanie] |
| violar (vt) | изнасиловать (св, пх) | [iznasílɔvatʲ] |

violador (m)	насильник (м)	[nasílʲnik]
maníaco (m)	маньяк (м)	[manják]
prostituta (f)	проститутка (ж)	[prɔstitútka]
prostituição (f)	проституция (ж)	[prɔstitútsija]
chulo (m)	сутенёр (м)	[sutenǿr]
toxicodependente (m)	наркоман (м)	[narkɔmán]
traficante (m)	торговец (м) наркотиками	[tɔrgóvets narkótikami]
explodir (vt)	взорвать (св, пх)	[vzɔrvátʲ]
explosão (f)	взрыв (м)	[vzrĩf]
incendiar (vt)	поджечь (св, пх)	[pɔdʒǽtʃʲ]
incendiário (m)	поджигатель (м)	[pɔdʒigátelʲ]
terrorismo (m)	терроризм (м)	[terɔrízm]
terrorista (m)	террорист (м)	[terɔríst]
refém (m)	заложник (м)	[zalóʒnik]
enganar (vt)	обмануть (св, пх)	[ɔbmanútʲ]
engano (m)	обман (м)	[ɔbmán]
vigarista (m)	мошенник (м)	[mɔʃǽnnik]
subornar (vt)	подкупить (св, пх)	[pɔtkupítʲ]
suborno (atividade)	подкуп (м)	[pótkup]
suborno (dinheiro)	взятка (ж)	[vzʲátka]
veneno (m)	яд (м)	[jád]
envenenar (vt)	отравить (св, пх)	[ɔtravítʲ]
envenenar-se (vr)	отравиться (св, возв)	[ɔtravítsa]
suicídio (m)	самоубийство (с)	[samɔubíjstvɔ]
suicida (m)	самоубийца (м, ж)	[samɔubíjtsa]
ameaçar (vt)	угрожать (нсв, пх)	[ugrɔʒátʲ]
ameaça (f)	угроза (ж)	[ugróza]
atentar contra a vida de …	покушаться (нсв, возв)	[pɔkuʃátsa]
atentado (m)	покушение (с)	[pɔkuʃǽnie]
roubar (o carro)	угнать (св, пх)	[ugnátʲ]
desviar (o avião)	угнать (св, пх)	[ugnátʲ]
vingança (f)	месть (ж)	[méstʲ]
vingar (vt)	мстить (нсв, пх)	[mstítʲ]
torturar (vt)	пытать (нсв, пх)	[pitátʲ]
tortura (f)	пытка (ж)	[pĩtka]
atormentar (vt)	мучить (нсв, пх)	[mútʃitʲ]
pirata (m)	пират (м)	[pirát]
desordeiro (m)	хулиган (м)	[huligán]
armado	вооружённый	[vɔɔruʒónnij]
violência (f)	насилие (с)	[nasílie]
ilegal	нелегальный	[nelegálʲnij]
espionagem (f)	шпионаж (м)	[ʃpiɔnáʃ]
espionar (vi)	шпионить (нсв, нпх)	[ʃpiónitʲ]

162. Polícia. Lei. Parte 1

| justiça (f) | правосудие (c) | [pravɔsúdie] |
| tribunal (m) | суд (м) | [súd] |

juiz (m)	судья (ж)	[sudjá]
jurados (m pl)	присяжные (мн)	[prisˈáɜnie]
tribunal (m) do júri	суд (м) присяжных	[sút prisˈáɜnih]
julgar (vt)	судить (нсв, пх)	[sudítʲ]

advogado (m)	адвокат (м)	[advɔkát]
réu (m)	подсудимый (м)	[pɔtsudímij]
banco (m) dos réus	скамья (ж) подсудимых	[skamjá pɔtsudímih]

| acusação (f) | обвинение (c) | [ɔbvinénie] |
| acusado (m) | обвиняемый (м) | [ɔbvinʲáemij] |

| sentença (f) | приговор (м) | [prigɔvór] |
| sentenciar (vt) | приговорить (св, пх) | [prigɔvorítʲ] |

culpado (m)	виновник (м)	[vinóvnik]
punir (vt)	наказать (св, пх)	[nakazátʲ]
punição (f)	наказание (c)	[nakazánie]

| multa (f) | штраф (м) | [ʃtráf] |
| prisão (f) perpétua | пожизненное заключение (c) | [pɔɜíznenɔe zaklʲutʃénie] |

pena (f) de morte	смертная казнь (ж)	[smértnaja káznʲ]
cadeira (f) elétrica	электрический стул (м)	[ɛlektrítʃeskij stúl]
forca (f)	виселица (ж)	[víselitsa]

| executar (vt) | казнить (н/св, пх) | [kaznítʲ] |
| execução (f) | казнь (ж) | [káznʲ] |

| prisão (f) | тюрьма (ж) | [tʲurʲmá] |
| cela (f) de prisão | камера (ж) | [kámera] |

escolta (f)	конвой (м)	[kɔnvój]
guarda (m) prisional	надзиратель (м)	[nadzirátelʲ]
preso (m)	заключённый (м)	[zaklʲutʃónnij]

| algemas (f pl) | наручники (мн) | [narútʃniki] |
| algemar (vt) | надеть наручники | [nadétʲ narútʃniki] |

fuga, evasão (f)	побег (м)	[pɔbég]
fugir (vi)	убежать (св, нпх)	[ubeɜátʲ]
desaparecer (vi)	исчезнуть (св, нпх)	[isʃéznutʲ]
soltar, libertar (vt)	освободить (св, пх)	[ɔsvɔbodítʲ]
amnistia (f)	амнистия (ж)	[amnístija]

polícia (instituição)	полиция (ж)	[pɔlítsija]
polícia (m)	полицейский (м)	[pɔlitsǽjskij]
esquadra (f) de polícia	полицейский участок (м)	[pɔlitsǽjskij utʃástɔk]
cassetete (m)	резиновая дубинка (ж)	[rezínɔvaja dubínka]
megafone (m)	рупор (м)	[rúpɔr]

carro (m) de patrulha	патрульная машина (ж)	[patrúlʲnaja maʃína]
sirene (f)	сирена (ж)	[siréna]
ligar a sirene	включить сирену	[fklʲutʃítʲ sirénu]
toque (m) da sirene	вой (м) сирены	[vój siréni]

cena (f) do crime	место (c) преступления	[méstɔ prestuplénija]
testemunha (f)	свидетель (м)	[svidételʲ]
liberdade (f)	свобода (ж)	[svɔbóda]
cúmplice (m)	сообщник (м)	[sɔópʃnik]
escapar (vi)	скрыться (св, возв)	[skrítsa]
traço (não deixar ~s)	след (м)	[sléd]

163. Polícia. Lei. Parte 2

procura (f)	розыск (м)	[rózisk]
procurar (vt)	разыскивать ... (нсв, пх)	[razískivatʲ ...]
suspeita (f)	подозрение (c)	[pɔdɔzrénie]
suspeito	подозрительный	[pɔdɔzrítelʲnij]
parar (vt)	остановить (св, пх)	[ɔstanɔvítʲ]
deter (vt)	задержать (св, пх)	[zaderʒátʲ]

caso (criminal)	дело (c)	[délɔ]
investigação (f)	следствие (c)	[slétstvie]
detetive (m)	детектив, сыщик (м)	[dɛtɛktíf], [síʃʲik]
investigador (m)	следователь (м)	[slédɔvatelʲ]
versão (f)	версия (ж)	[vérsija]

motivo (m)	мотив (м)	[mɔtíf]
interrogatório (m)	допрос (м)	[dɔprós]
interrogar (vt)	допрашивать (нсв, пх)	[dɔpráʃivatʲ]
questionar (vt)	опрашивать (нсв, пх)	[ɔpráʃivatʲ]
verificação (f)	проверка (ж)	[prɔvérka]

batida (f) policial	облава (ж)	[ɔbláva]
busca (f)	обыск (м)	[óbisk]
perseguição (f)	погоня (ж)	[pɔgónʲa]
perseguir (vt)	преследовать (нсв, пх)	[preslédɔvatʲ]
seguir (vt)	следить (нсв, нпх)	[sledítʲ]

prisão (f)	арест (м)	[arést]
prender (vt)	арестовать (св, пх)	[arestɔvátʲ]
pegar, capturar (vt)	поймать (св, пх)	[pɔjmátʲ]
captura (f)	поимка (ж)	[pɔímka]

documento (m)	документ (м)	[dɔkumént]
prova (f)	доказательство (c)	[dɔkazátelʲstvɔ]
provar (vt)	доказывать (нсв, пх)	[dɔkázivatʲ]
pegada (f)	след (м)	[sléd]
impressões (f pl) digitais	отпечатки (м мн) пальцев	[ɔtpeʧátki pálʲʦɛf]
prova (f)	улика (ж)	[ulíka]

álibi (m)	алиби (c)	[álibi]
inocente	невиновный	[nevinóvnij]
injustiça (f)	несправедливость (ж)	[nespravedlívɔstʲ]

injusto	несправедливый	[nespravedlívij]
criminal	криминальный	[kriminál'nij]
confiscar (vt)	конфисковать (св, пх)	[kɔnfiskɔvát']
droga (f)	наркотик (м)	[narkótik]
arma (f)	оружие (c)	[ɔrúʒie]
desarmar (vt)	обезоружить (св, пх)	[ɔbezɔrúʒit']
ordenar (vt)	приказывать (нсв, пх)	[prikázivat']
desaparecer (vi)	исчезнуть (св, нпх)	[isʃéznut']
lei (f)	закон (м)	[zakón]
legal	законный	[zakónnij]
ilegal	незаконный	[nezakónnij]
responsabilidade (f)	ответственность (ж)	[ɔtvétstvenɔst']
responsável	ответственный	[ɔtvétstvenij]

NATUREZA

A Terra. Parte 1

cosmos (m)	космос (м)	[kósmɔs]
cósmico	космический	[kɔsmítʃeskij]
espaço (m) cósmico	космическое пространство	[kɔsmítʃeskɔe prɔstránstvɔ]
mundo (m)	мир (м)	[mír]
universo (m)	вселенная (ж)	[fselénnaja]
galáxia (f)	галактика (ж)	[galáktika]
estrela (f)	звезда (ж)	[zvezdá]
constelação (f)	созвездие (с)	[sɔzvézdie]
planeta (m)	планета (ж)	[planéta]
satélite (m)	спутник (м)	[spútnik]
meteorito (m)	метеорит (м)	[meteɔrít]
cometa (m)	комета (ж)	[kɔméta]
asteroide (m)	астероид (м)	[astɛróid]
órbita (f)	орбита (ж)	[ɔrbíta]
girar (vi)	вращаться (нсв, возв)	[vraʃátsa]
atmosfera (f)	атмосфера (ж)	[atmɔsféra]
Sol (m)	Солнце (с)	[sóntse]
Sistema (m) Solar	Солнечная система (ж)	[sólnetʃnaja sistéma]
eclipse (m) solar	солнечное затмение (с)	[sólnetʃnɔe zatménie]
Terra (f)	Земля (ж)	[zemlʲá]
Lua (f)	Луна (ж)	[luná]
Marte (m)	Марс (м)	[márs]
Vénus (f)	Венера (ж)	[venéra]
Júpiter (m)	Юпитер (м)	[jupíter]
Saturno (m)	Сатурн (м)	[satúrn]
Mercúrio (m)	Меркурий (м)	[merkúrij]
Urano (m)	Уран (м)	[urán]
Neptuno (m)	Нептун (м)	[neptún]
Plutão (m)	Плутон (м)	[plutón]
Via Láctea (f)	Млечный Путь (м)	[mlétʃnij pútʲ]
Ursa Maior (f)	Большая Медведица (ж)	[bolʲʃája medvéditsa]
Estrela Polar (f)	Полярная Звезда (ж)	[polʲárnaja zvezdá]
marciano (m)	марсианин (м)	[marsiánin]

extraterrestre (m)	инопланетянин (м)	[inɔplanetʲánin]
alienígena (m)	пришелец (м)	[priʃǽleʦ]
disco (m) voador	летающая тарелка (ж)	[letájuʃʲaja tarélka]

nave (f) espacial	космический корабль (м)	[kɔsmítʃeskij kɔrábʲ]
estação (f) orbital	орбитальная станция (ж)	[ɔrbitálʲnaja stánʦija]
lançamento (m)	старт (м)	[stárt]

motor (m)	двигатель (м)	[dvígatelʲ]
bocal (m)	сопло (с)	[sɔpló]
combustível (m)	топливо (с)	[tóplivɔ]

cabine (f)	кабина (ж)	[kabína]
antena (f)	антенна (ж)	[antǽna]
vigia (f)	иллюминатор (м)	[ilʲuminátɔr]
bateria (f) solar	солнечная батарея (ж)	[sólnetʃnaja bataréja]
traje (m) espacial	скафандр (м)	[skafándr]

imponderabilidade (f)	невесомость (ж)	[nevesómɔstʲ]
oxigénio (m)	кислород (м)	[kislɔród]

acoplagem (f)	стыковка (ж)	[stikófka]
fazer uma acoplagem	производить стыковку	[prɔizvɔdítʲ stikófku]

observatório (m)	обсерватория (ж)	[ɔpservatórija]
telescópio (m)	телескоп (м)	[teleskóp]
observar (vt)	наблюдать (нсв, нпх)	[nablʲudátʲ]
explorar (vt)	исследовать (н/св, пх)	[islédɔvatʲ]

165. A Terra

Terra (f)	Земля (ж)	[zemlʲá]
globo terrestre (Terra)	земной шар (м)	[zemnój ʃár]
planeta (m)	планета (ж)	[planéta]

atmosfera (f)	атмосфера (ж)	[atmɔsféra]
geografia (f)	география (ж)	[geɔgráfija]
natureza (f)	природа (ж)	[priróda]

globo (mapa esférico)	глобус (м)	[glóbus]
mapa (m)	карта (ж)	[kárta]
atlas (m)	атлас (м)	[átlas]

Europa (f)	Европа (ж)	[evrópa]
Ásia (f)	Азия (ж)	[ázija]
África (f)	Африка (ж)	[áfrika]
Austrália (f)	Австралия (ж)	[afstrálija]

América (f)	Америка (ж)	[amérika]
América (f) do Norte	Северная Америка (ж)	[sévernaja amérika]
América (f) do Sul	Южная Америка (ж)	[júʒnaja amérika]

Antártida (f)	Антарктида (ж)	[antarktída]
Ártico (m)	Арктика (ж)	[árktika]

166. Pontos cardeais

norte (m)	север (м)	[séver]
para norte	на север	[na séver]
no norte	на севере	[na sévere]
do norte	северный	[sévernij]

sul (m)	юг (м)	[júg]
para sul	на юг	[na júg]
no sul	на юге	[na júge]
do sul	южный	[júʒnij]

oeste, ocidente (m)	запад (м)	[západ]
para oeste	на запад	[na západ]
no oeste	на западе	[na západe]
ocidental	западный	[západnij]

leste, oriente (m)	восток (м)	[vɔstók]
para leste	на восток	[na vɔstók]
no leste	на востоке	[na vɔstóke]
oriental	восточный	[vɔstótʃnij]

167. Mar. Oceano

mar (m)	море (с)	[móre]
oceano (m)	океан (м)	[ɔkeán]
golfo (m)	залив (м)	[zalíf]
estreito (m)	пролив (м)	[prɔlíf]

terra (f) firme	земля (ж), суша (ж)	[zemlʲá], [súʃa]
continente (m)	материк (м)	[materík]
ilha (f)	остров (м)	[óstrɔf]
península (f)	полуостров (м)	[pɔlu·óstrɔf]
arquipélago (m)	архипелаг (м)	[arhipelág]

baía (f)	бухта (ж)	[búhta]
porto (m)	гавань (ж)	[gávanʲ]
lagoa (f)	лагуна (ж)	[lagúna]
cabo (m)	мыс (м)	[mɨs]

atol (m)	атолл (м)	[atól]
recife (m)	риф (м)	[ríf]
coral (m)	коралл (м)	[kɔrál]
recife (m) de coral	коралловый риф (м)	[kɔrálɔvij ríf]

profundo	глубокий	[glubókij]
profundidade (f)	глубина (ж)	[glubiná]
abismo (m)	бездна (ж)	[bézdna]
fossa (f) oceânica	впадина (ж)	[fpádina]

corrente (f)	течение (с)	[tetʃénie]
banhar (vt)	омывать (нсв, пх)	[ɔmivátʲ]
litoral (m)	побережье (с)	[pɔberéʒje]

costa (f)	берег (м)	[béreg]
maré (f) alta	прилив (м)	[prilíf]
refluxo (m), maré (f) baixa	отлив (м)	[ɔtlíf]
restinga (f)	отмель (ж)	[ótmelʲ]
fundo (m)	дно (c)	[dnó]

onda (f)	волна (ж)	[vɔlná]
crista (f) da onda	гребень (м) волны	[grébenʲ vɔlnī]
espuma (f)	пена (ж)	[péna]

tempestade (f)	буря (ж)	[búrʲa]
furacão (m)	ураган (м)	[uragán]
tsunami (m)	цунами (c)	[tsunámi]
calmaria (f)	штиль (м)	[ʃtílʲ]
calmo	спокойный	[spɔkójnij]

| polo (m) | полюс (м) | [pólʲus] |
| polar | полярный | [pɔlʲárnij] |

latitude (f)	широта (ж)	[ʃirɔtá]
longitude (f)	долгота (ж)	[dɔlgɔtá]
paralela (f)	параллель (ж)	[paralélʲ]
equador (m)	экватор (м)	[ɛkvátɔr]

céu (m)	небо (c)	[nébɔ]
horizonte (m)	горизонт (м)	[gɔrizónt]
ar (m)	воздух (м)	[vózduh]

farol (m)	маяк (м)	[maják]
mergulhar (vi)	нырять (нсв, нпх)	[nirʲátʲ]
afundar-se (vr)	затонуть (св, нпх)	[zatɔnútʲ]
tesouros (m pl)	сокровища (мн)	[sɔkróviʃa]

168. Montanhas

montanha (f)	гора (ж)	[gɔrá]
cordilheira (f)	горная цепь (ж)	[górnaja tsæpʲ]
serra (f)	горный хребет (м)	[górnij hrebét]

cume (m)	вершина (ж)	[verʃína]
pico (m)	пик (м)	[pík]
sopé (m)	подножие (c)	[pɔdnóʒie]
declive (m)	склон (м)	[sklón]

vulcão (m)	вулкан (м)	[vulkán]
vulcão (m) ativo	действующий вулкан (м)	[déjstvujuʃij vulkán]
vulcão (m) extinto	потухший вулкан (м)	[pɔtúhʃij vulkán]

erupção (f)	извержение (c)	[izverʒǽnie]
cratera (f)	кратер (м)	[krátɛr]
magma (m)	магма (ж)	[mágma]
lava (f)	лава (ж)	[láva]
fundido (lava ~a)	раскалённый	[raskalɵnnij]
desfiladeiro (m)	каньон (м)	[kanjón]

159

garganta (f)	ущелье (c)	[uʃélje]
fenda (f)	расщелина (ж)	[raʃélina]
passo, colo (m)	перевал (м)	[perevál]
planalto (m)	плато (c)	[plató]
falésia (f)	скала (ж)	[skalá]
colina (f)	холм (м)	[hólm]
glaciar (m)	ледник (м)	[ledník]
queda (f) d'água	водопад (м)	[vɔdɔpád]
géiser (m)	гейзер (м)	[géjzer]
lago (m)	озеро (c)	[ózerɔ]
planície (f)	равнина (ж)	[ravnína]
paisagem (f)	пейзаж (м)	[pejzáʃ]
eco (m)	эхо (c)	[áɛhɔ]
alpinista (m)	альпинист (м)	[alʲpiníst]
escalador (m)	скалолаз (м)	[skalɔlás]
conquistar (vt)	покорять (нсв, пх)	[pɔkɔrʲátʲ]
subida, escalada (f)	восхождение (c)	[vɔsxɔʒdénie]

169. Rios

rio (m)	река (ж)	[reká]
fonte, nascente (f)	источник (м)	[istótʃnik]
leito (m) do rio	русло (c)	[rúslɔ]
bacia (f)	бассейн (м)	[basǽjn]
desaguar no …	впадать в … (нсв)	[fpadátʲ f …]
afluente (m)	приток (м)	[pritók]
margem (do rio)	берег (м)	[béreg]
corrente (f)	течение (c)	[tetʃénie]
rio abaixo	вниз по течению	[vnís pɔ tetʃéniju]
rio acima	вверх по течению	[vvérh pɔ tetʃéniju]
inundação (f)	наводнение (c)	[navɔdnénie]
cheia (f)	половодье (c)	[pɔlɔvódje]
transbordar (vi)	разливаться (нсв, возв)	[razlivátsa]
inundar (vt)	затоплять (нсв, пх)	[zatɔplʲátʲ]
banco (m) de areia	мель (ж)	[mélʲ]
rápidos (m pl)	порог (м)	[pɔróg]
barragem (f)	плотина (ж)	[plɔtína]
canal (m)	канал (м)	[kanál]
reservatório (m) de água	водохранилище (c)	[vódɔ·hraníliʃe]
eclusa (f)	шлюз (м)	[ʃlʲús]
corpo (m) de água	водоём (м)	[vɔdɔjóm]
pântano (m)	болото (c)	[bɔlótɔ]
tremedal (m)	трясина (ж)	[trɪsína]
remoinho (m)	водоворот (м)	[vɔdɔvɔrót]

arroio, regato (m)	ручей (м)	[ruʧéj]
potável	питьевой	[pitjevój]
doce (água)	пресный	[présnij]
gelo (m)	лёд (м)	[lǿd]
congelar-se (vr)	замёрзнуть (св, нпх)	[zamǿrznutʲ]

170. Floresta

floresta (f), bosque (m)	лес (м)	[lés]
florestal	лесной	[lesnój]
mata (f) cerrada	чаща (ж)	[ʧáʃʲa]
arvoredo (m)	роща (ж)	[róʃʲa]
clareira (f)	поляна (ж)	[pɔlʲána]
matagal (m)	заросли (мн)	[zárɔsli]
mato (m)	кустарник (м)	[kustárnik]
vereda (f)	тропинка (ж)	[trɔpínka]
ravina (f)	овраг (м)	[ɔvrág]
árvore (f)	дерево (с)	[dérevɔ]
folha (f)	лист (м)	[líst]
folhagem (f)	листва (ж)	[listvá]
queda (f) das folhas	листопад (м)	[listɔpád]
cair (vi)	опадать (нсв, нпх)	[ɔpadátʲ]
topo (m)	верхушка (ж)	[verhúʃka]
ramo (m)	ветка (ж)	[vétka]
galho (m)	сук (м)	[súk]
botão, rebento (m)	почка (ж)	[póʧka]
agulha (f)	игла (ж)	[iglá]
pinha (f)	шишка (ж)	[ʃíʃka]
buraco (m) de árvore	дупло (с)	[dupló]
ninho (m)	гнездо (с)	[gnezdó]
toca (f)	нора (ж)	[nɔrá]
tronco (m)	ствол (м)	[stvól]
raiz (f)	корень (м)	[kórenʲ]
casca (f) de árvore	кора (ж)	[kɔrá]
musgo (m)	мох (м)	[móh]
arrancar pela raiz	корчевать (нсв, пх)	[kɔrʧevátʲ]
cortar (vt)	рубить (нсв, пх)	[rubítʲ]
desflorestar (vt)	вырубать лес	[virubátʲ lʲés]
toco, cepo (m)	пень (м)	[pénʲ]
fogueira (f)	костёр (м)	[kɔstǿr]
incêndio (m) florestal	пожар (м)	[pɔʒár]
apagar (vt)	тушить (нсв, пх)	[tuʃítʲ]
guarda-florestal (m)	лесник (м)	[lesník]

proteção (f) — охрана (ж) — [ɔhrána]
proteger (a natureza) — охранять (нсв, пх) — [ɔhranʲátʲ]
caçador (m) furtivo — браконьер (м) — [brakɔnjér]
armadilha (f) — капкан (м) — [kapkán]

colher (cogumelos, bagas) — собирать (нсв, пх) — [sɔbirátʲ]
perder-se (vr) — заблудиться (св, возв) — [zabludítsa]

171. Recursos naturais

recursos (m pl) naturais — природные ресурсы (м мн) — [priródnie resúrsi]
minerais (m pl) — полезные ископаемые (с мн) — [poléznie iskopáemie]

depósitos (m pl) — залежи (мн) — [zálеʒi]
jazida (f) — месторождение (с) — [mestɔrɔʒdénie]

extrair (vt) — добывать (нсв, пх) — [dɔbivátʲ]
extração (f) — добыча (ж) — [dɔbīʧa]
minério (m) — руда (ж) — [rudá]
mina (f) — рудник (м) — [rudník]
poço (m) de mina — шахта (ж) — [ʃáhta]
mineiro (m) — шахтёр (м) — [ʃahtǿr]

gás (m) — газ (м) — [gás]
gasoduto (m) — газопровод (м) — [gazɔ·prɔvód]

petróleo (m) — нефть (ж) — [néftʲ]
oleoduto (m) — нефтепровод (м) — [nefte·prɔvód]
poço (m) de petróleo — нефтяная вышка (ж) — [neftınája vīʃka]
torre (f) petrolífera — буровая вышка (ж) — [burɔvája vīʃka]
petroleiro (m) — танкер (м) — [tánker]

areia (f) — песок (м) — [pesók]
calcário (m) — известняк (м) — [izvesnʲák]
cascalho (m) — гравий (м) — [grávij]
turfa (f) — торф (м) — [tórf]
argila (f) — глина (ж) — [glína]
carvão (m) — уголь (м) — [úgɔlʲ]

ferro (m) — железо (с) — [ʒelézɔ]
ouro (m) — золото (с) — [zólɔtɔ]
prata (f) — серебро (с) — [serebró]
níquel (m) — никель (м) — [níkelʲ]
cobre (m) — медь (ж) — [métʲ]

zinco (m) — цинк (м) — [tsīnk]
manganês (m) — марганец (м) — [márganets]
mercúrio (m) — ртуть (ж) — [rtútʲ]
chumbo (m) — свинец (м) — [svinéts]

mineral (m) — минерал (м) — [minerál]
cristal (m) — кристалл (м) — [kristál]
mármore (m) — мрамор (м) — [mrámɔr]
urânio (m) — уран (м) — [urán]

A Terra. Parte 2

tempo (m)	погода (ж)	[pɔgóda]
previsão (f) do tempo	прогноз (м) погоды	[prɔgnós pɔgódi]
temperatura (f)	температура (ж)	[temperatúra]
termómetro (m)	термометр (м)	[termómetr]
barómetro (m)	барометр (м)	[barómetr]
húmido	влажный	[vláʒnij]
humidade (f)	влажность (ж)	[vláʒnostʲ]
calor (m)	жара (ж)	[ʒará]
cálido	жаркий	[ʒárkij]
está muito calor	жарко	[ʒárkɔ]
está calor	тепло	[teplό]
quente	тёплый	[tǿplij]
está frio	холодно	[hólɔdnɔ]
frio	холодный	[hɔlódnij]
sol (m)	солнце (c)	[sóntse]
brilhar (vi)	светить (нсв, нпх)	[svetítʲ]
de sol, ensolarado	солнечный	[sólnetʃnij]
nascer (vi)	взойти (св, нпх)	[vzɔjtí]
pôr-se (vr)	сесть (св, нпх)	[séstʲ]
nuvem (f)	облако (c)	[óblakɔ]
nublado	облачный	[óblatʃnij]
nuvem (f) preta	туча (ж)	[tútʃa]
escuro, cinzento	пасмурный	[pásmurnij]
chuva (f)	дождь (м)	[dóʃtʲ], [dóʃ]
está a chover	идёт дождь	[idǿt dóʃtʲ]
chuvoso	дождливый	[dɔʒdlívij]
chuviscar (vi)	моросить (нсв, нпх)	[mɔrɔsítʲ]
chuva (f) torrencial	проливной дождь (м)	[prɔlivnój dóʃtʲ]
chuvada (f)	ливень (м)	[lívenʲ]
forte (chuva)	сильный	[sílʲnij]
poça (f)	лужа (ж)	[lúʒa]
molhar-se (vr)	промокнуть (св, нпх)	[prɔmóknutʲ]
nevoeiro (m)	туман (м)	[tumán]
de nevoeiro	туманный	[tumánnij]
neve (f)	снег (м)	[snég]
está a nevar	идёт снег	[idǿt snég]

173. Tempo extremo. Catástrofes naturais

trovoada (f)	гроза (ж)	[grɔzá]
relâmpago (m)	молния (ж)	[mólnija]
relampejar (vi)	сверкать (нсв, нпх)	[sverkátʲ]

trovão (m)	гром (м)	[gróm]
trovejar (vi)	греметь (нсв, нпх)	[gremétʲ]
está a trovejar	гремит гром	[gremít gróm]

| granizo (m) | град (м) | [grád] |
| está a cair granizo | идёт град | [idǿt grád] |

| inundar (vt) | затопить (св, пх) | [zatɔpítʲ] |
| inundação (f) | наводнение (с) | [navɔdnénie] |

terremoto (m)	землетрясение (с)	[zemletrɪsénie]
abalo, tremor (m)	толчок (м)	[tɔltʃók]
epicentro (m)	эпицентр (м)	[ɛpitsǽntr]

| erupção (f) | извержение (с) | [izverʒǽnie] |
| lava (f) | лава (ж) | [láva] |

turbilhão (m)	смерч (м)	[smértʃ]
tornado (m)	торнадо (м)	[tɔrnádɔ]
tufão (m)	тайфун (м)	[tajfún]

furacão (m)	ураган (м)	[uragán]
tempestade (f)	буря (ж)	[búrʲa]
tsunami (m)	цунами (с)	[tsunámi]

ciclone (m)	циклон (м)	[tsiklón]
mau tempo (m)	непогода (ж)	[nepɔgóda]
incêndio (m)	пожар (м)	[pɔʒár]
catástrofe (f)	катастрофа (ж)	[katastrófa]
meteorito (m)	метеорит (м)	[meteɔrít]

avalanche (f)	лавина (ж)	[lavína]
deslizamento (m) de neve	обвал (м)	[ɔbvál]
nevasca (f)	метель (ж)	[metélʲ]
tempestade (f) de neve	вьюга (ж)	[vjúga]

Fauna

predador (m)	хищник (м)	[híʃnik]
tigre (m)	тигр (м)	[tígr]
leão (m)	лев (м)	[léf]
lobo (m)	волк (м)	[vólk]
raposa (f)	лиса (ж)	[lisá]
jaguar (m)	ягуар (м)	[jıguár]
leopardo (m)	леопард (м)	[leɔpárd]
chita (f)	гепард (м)	[gepárd]
pantera (f)	пантера (ж)	[pantǽra]
puma (m)	пума (ж)	[púma]
leopardo-das-neves (m)	снежный барс (м)	[snéʒnij bárs]
lince (m)	рысь (ж)	[rīsʲ]
coiote (m)	койот (м)	[kɔjót]
chacal (m)	шакал (м)	[ʃakál]
hiena (f)	гиена (ж)	[giéna]

animal (m)	животное (с)	[ʒivótnɔe]
besta (f)	зверь (м)	[zvérʲ]
esquilo (m)	белка (ж)	[bélka]
ouriço (m)	ёж (м)	[jóʃ]
lebre (f)	заяц (м)	[záıʦ]
coelho (m)	кролик (м)	[królik]
texugo (m)	барсук (м)	[barsúk]
guaxinim (m)	енот (м)	[enót]
hamster (m)	хомяк (м)	[hɔmʲák]
marmota (f)	сурок (м)	[surók]
toupeira (f)	крот (м)	[krót]
rato (m)	мышь (ж)	[mīʃ]
ratazana (f)	крыса (ж)	[krīsa]
morcego (m)	летучая мышь (ж)	[letútʃaja mīʃ]
arminho (m)	горностай (м)	[gɔrnɔstáj]
zibelina (f)	соболь (м)	[sóbɔlʲ]
marta (f)	куница (ж)	[kunítsa]
doninha (f)	ласка (ж)	[láska]
vison (m)	норка (ж)	[nórka]

| castor (m) | бобр (м) | [bóbr] |
| lontra (f) | выдра (ж) | [vĩdra] |

cavalo (m)	лошадь (ж)	[lóʃatʲ]
alce (m)	лось (м)	[lósʲ]
veado (m)	олень (м)	[ɔlénʲ]
camelo (m)	верблюд (м)	[verblʲúd]

bisão (m)	бизон (м)	[bizón]
auroque (m)	зубр (м)	[zúbr]
búfalo (m)	буйвол (м)	[bújvɔl]

zebra (f)	зебра (ж)	[zébra]
antílope (m)	антилопа (ж)	[antilópa]
corça (f)	косуля (ж)	[kɔsúlʲa]
gamo (m)	лань (ж)	[lánʲ]
camurça (f)	серна (ж)	[sérna]
javali (m)	кабан (м)	[kabán]

baleia (f)	кит (м)	[kít]
foca (f)	тюлень (м)	[tʲulénʲ]
morsa (f)	морж (м)	[mórʃ]
urso-marinho (m)	котик (м)	[kótik]
golfinho (m)	дельфин (м)	[delʲfín]

urso (m)	медведь (м)	[medvétʲ]
urso (m) branco	белый медведь (м)	[bélij medvétʲ]
panda (m)	панда (ж)	[pánda]

macaco (em geral)	обезьяна (ж)	[ɔbezjána]
chimpanzé (m)	шимпанзе (с)	[ʃimpanzǽ]
orangotango (m)	орангутанг (м)	[ɔrangutáng]
gorila (m)	горилла (ж)	[gɔríla]
macaco (m)	макака (ж)	[makáka]
gibão (m)	гиббон (м)	[gibón]

elefante (m)	слон (м)	[slón]
rinoceronte (m)	носорог (м)	[nɔsɔróg]
girafa (f)	жираф (м)	[ʒiráf]
hipopótamo (m)	бегемот (м)	[begemót]

| canguru (m) | кенгуру (м) | [kengurú] |
| coala (m) | коала (ж) | [kɔála] |

mangusto (m)	мангуст (м)	[mangúst]
chinchila (f)	шиншилла (ж)	[ʃinʃíla]
doninha-fedorenta (f)	скунс (м)	[skúns]
porco-espinho (m)	дикобраз (м)	[dikɔbrás]

176. Animais domésticos

gata (f)	кошка (ж)	[kóʃka]
gato (m) macho	кот (м)	[kót]
cavalo (m)	лошадь (ж)	[lóʃatʲ]

| garanhão (m) | жеребец (м) | [ʒerebéts] |
| égua (f) | кобыла (ж) | [kɔbɨ́la] |

vaca (f)	корова (ж)	[kɔróva]
touro (m)	бык (м)	[bɨ́k]
boi (m)	вол (м)	[vól]

ovelha (f)	овца (ж)	[ɔftsá]
carneiro (m)	баран (м)	[barán]
cabra (f)	коза (ж)	[kɔzá]
bode (m)	козёл (м)	[kɔzǿl]

| burro (m) | осёл (м) | [ɔsǿl] |
| mula (f) | мул (м) | [múl] |

porco (m)	свинья (ж)	[svinjá]
leitão (m)	поросёнок (м)	[pɔrɔsǿnɔk]
coelho (m)	кролик (м)	[królik]

| galinha (f) | курица (ж) | [kúritsa] |
| galo (m) | петух (м) | [petúh] |

pata (f)	утка (ж)	[útka]
pato (macho)	селезень (м)	[sélezenʲ]
ganso (m)	гусь (м)	[gúsʲ]

| peru (m) | индюк (м) | [indʲúk] |
| perua (f) | индюшка (ж) | [indʲúʃka] |

animais (m pl) domésticos	домашние животные (с мн)	[dɔmáʃnie ʒivótnie]
domesticado	ручной	[rutʃnój]
domesticar (vt)	приручать (нсв, пх)	[prirutʃátʲ]
criar (vt)	выращивать (нсв, пх)	[viráʃivatʲ]

quinta (f)	ферма (ж)	[férma]
aves (f pl) domésticas	домашняя птица (ж)	[dɔmáʃnʲaja ptítsa]
gado (m)	скот (м)	[skót]
rebanho (m), manada (f)	стадо (с)	[stádɔ]

estábulo (m)	конюшня (ж)	[kɔnʲúʃnʲa]
pocilga (f)	свинарник (м)	[svinárnik]
estábulo (m)	коровник (м)	[kɔróvnik]
coelheira (f)	крольчатник (м)	[krolʲtʃátnik]
galinheiro (m)	курятник (м)	[kurʲátnik]

177. Cães. Raças de cães

cão (m)	собака (ж)	[sɔbáka]
cão pastor (m)	овчарка (ж)	[oftʃárka]
pastor-alemão (m)	немецкая овчарка (ж)	[nemétskaja ɔftʃárka]
caniche (m)	пудель (м)	[púdelʲ]
teckel (m)	такса (ж)	[táksa]
buldogue (m)	бульдог (м)	[bulʲdóg]
boxer (m)	боксёр (м)	[bɔksǿr]

mastim (m)	мастиф (м)	[mastíf]
rottweiler (m)	ротвейлер (м)	[rotvéjler]
dobermann (m)	доберман (м)	[dobermán]

basset (m)	бассет (м)	[bássɛt]
pastor inglês (m)	бобтейл (м)	[boptǽjl]
dálmata (m)	далматинец (м)	[dalmatínets]
cocker spaniel (m)	кокер-спаниель (м)	[kóker-spaniélʲ]

terra-nova (m)	ньюфаундленд (м)	[njufáundlend]
são-bernardo (m)	сенбернар (м)	[senbernár]

husky (m)	хаски (м)	[háski]
Chow-chow (m)	чау-чау (м)	[ʧáu-ʧáu]
spitz alemão (m)	шпиц (м)	[ʃpíts]
carlindogue (m)	мопс (м)	[móps]

178. Sons produzidos pelos animais

latido (m)	лай (м)	[láj]
latir (vi)	лаять (нсв, нпх)	[lájɪtʲ]
miar (vi)	мяукать (нсв, нпх)	[mɪúkatʲ]
ronronar (vi)	мурлыкать (нсв, нпх)	[murlīkatʲ]

mugir (vaca)	мычать (нсв, нпх)	[miʧátʲ]
bramir (touro)	реветь (нсв, нпх)	[revétʲ]
rosnar (vi)	рычать (нсв, нпх)	[riʧátʲ]

uivo (m)	вой (м)	[vój]
uivar (vi)	выть (нсв, нпх)	[vītʲ]
ganir (vi)	скулить (нсв, нпх)	[skulítʲ]

balir (vi)	блеять (нсв, нпх)	[bléjatʲ]
grunhir (porco)	хрюкать (нсв, нпх)	[hrʲúkatʲ]
guinchar (vi)	визжать (нсв, нпх)	[viʒʒátʲ]

coaxar (sapo)	квакать (нсв, нпх)	[kvákatʲ]
zumbir (inseto)	жужжать (нсв, нпх)	[ʒuʒʒátʲ]
estridular, ziziar (vi)	стрекотать (нсв, нпх)	[strekotátʲ]

179. Pássaros

pássaro (m), ave (f)	птица (ж)	[ptítsa]
pombo (m)	голубь (м)	[gólupʲ]
pardal (m)	воробей (м)	[vorobéj]
chapim-real (m)	синица (ж)	[sinítsa]
pega-rabuda (f)	сорока (ж)	[soróka]

corvo (m)	ворон (м)	[vóron]
gralha (f) cinzenta	ворона (ж)	[voróna]
gralha-de-nuca-cinzenta (f)	галка (ж)	[gálka]
gralha-calva (f)	грач (м)	[grátʃ]

pato (m)	утка (ж)	[útka]
ganso (m)	гусь (м)	[gúsʲ]
faisão (m)	фазан (м)	[fazán]
águia (f)	орёл (м)	[ɔrǿl]
açor (m)	ястреб (м)	[jástreb]
falcão (m)	сокол (м)	[sókɔl]
abutre (m)	гриф (м)	[gríf]
condor (m)	кондор (м)	[kóndɔr]
cisne (m)	лебедь (м)	[lébetʲ]
grou (m)	журавль (м)	[ʒurávlʲ]
cegonha (f)	аист (м)	[áist]
papagaio (m)	попугай (м)	[pɔpugáj]
beija-flor (m)	колибри (ж)	[kɔlíbri]
pavão (m)	павлин (м)	[pavlín]
avestruz (m)	страус (м)	[stráus]
garça (f)	цапля (ж)	[ʦáplʲa]
flamingo (m)	фламинго (с)	[flamíngɔ]
pelicano (m)	пеликан (м)	[pelikán]
rouxinol (m)	соловей (м)	[sɔlɔvéj]
andorinha (f)	ласточка (ж)	[lástɔtʃka]
tordo-zornal (m)	дрозд (м)	[drózd]
tordo-músico (m)	певчий дрозд (м)	[péftʃij drózd]
melro-preto (m)	чёрный дрозд (м)	[tʃórnʲij drózd]
andorinhão (m)	стриж (м)	[stríʃ]
cotovia (f)	жаворонок (м)	[ʒávɔrɔnɔk]
codorna (f)	перепел (м)	[pérepel]
pica-pau (m)	дятел (м)	[dʲátel]
cuco (m)	кукушка (ж)	[kukúʃka]
coruja (f)	сова (ж)	[sɔvá]
corujão, bufo (m)	филин (м)	[fílin]
tetraz-grande (m)	глухарь (м)	[gluhárʲ]
tetraz-lira (m)	тетерев (м)	[téteref]
perdiz-cinzenta (f)	куропатка (ж)	[kurɔpátka]
estorninho (m)	скворец (м)	[skvɔréʦ]
canário (m)	канарейка (ж)	[kanaréjka]
galinha-do-mato (f)	рябчик (м)	[rʲáptʃik]
tentilhão (m)	зяблик (м)	[zʲáblik]
dom-fafe (m)	снегирь (м)	[snegírʲ]
gaivota (f)	чайка (ж)	[tʃájka]
albatroz (m)	альбатрос (м)	[alʲbatrós]
pinguim (m)	пингвин (м)	[pingvín]

180. Pássaros. Canto e sons

cantar (vi)	петь (нсв, н/пх)	[pétʲ]
gritar (vi)	кричать (нсв, нпх)	[kritʃátʲ]

| cantar (o galo) | кукарекать (нсв, нпх) | [kukarékatʲ] |
| cocorocó (m) | кукареку (с) | [kukarekú] |

cacarejar (vi)	кудахтать (нсв, нпх)	[kudáhtatʲ]
crocitar (vi)	каркать (нсв, нпх)	[kárkatʲ]
grasnar (vi)	крякать (нсв, нпх)	[krʲákatʲ]
piar (vi)	пищать (нсв, нпх)	[piʃátʲ]
chilrear, gorjear (vi)	чирикать (нсв, нпх)	[tʃiríkatʲ]

181. Peixes. Animais marinhos

brema (f)	лещ (м)	[léʃ]
carpa (f)	карп (м)	[kárp]
perca (f)	окунь (м)	[ókunʲ]
siluro (m)	сом (м)	[sóm]
lúcio (m)	щука (ж)	[ʃúka]

| salmão (m) | лосось (м) | [lɔsósʲ] |
| esturjão (m) | осётр (м) | [ɔsǿtr] |

| arenque (m) | сельдь (ж) | [sélʲtʲ] |
| salmão (m) | сёмга (ж) | [sǿmga] |

| cavala, sarda (f) | скумбрия (ж) | [skúmbrija] |
| solha (f) | камбала (ж) | [kámbala] |

| lúcio perca (m) | судак (м) | [sudák] |
| bacalhau (m) | треска (ж) | [treská] |

| atum (m) | тунец (м) | [tunéts] |
| truta (f) | форель (ж) | [fɔrǽlʲ] |

| enguia (f) | угорь (м) | [úgɔrʲ] |
| raia elétrica (f) | электрический скат (м) | [ɛlektrítʃeskij skát] |

| moreia (f) | мурена (ж) | [muréna] |
| piranha (f) | пиранья (ж) | [piránja] |

tubarão (m)	акула (ж)	[akúla]
golfinho (m)	дельфин (м)	[delʲfín]
baleia (f)	кит (м)	[kít]

caranguejo (m)	краб (м)	[kráb]
medusa, alforreca (f)	медуза (ж)	[medúza]
polvo (m)	осьминог (м)	[ɔsʲminóg]

estrela-do-mar (f)	морская звезда (ж)	[mɔrskája zvezdá]
ouriço-do-mar (m)	морской ёж (м)	[mɔrskój jóʃ]
cavalo-marinho (m)	морской конёк (м)	[mɔrskój kɔnǿk]

ostra (f)	устрица (ж)	[ústritsa]
camarão (m)	креветка (ж)	[krevétka]
lavagante (m)	омар (м)	[ɔmár]
lagosta (f)	лангуст (м)	[langúst]

182. Amfíbios. Répteis

serpente, cobra (f)	змея (ж)	[zmejá]
venenoso	ядовитый	[jɪdɔvítɪj]
víbora (f)	гадюка (ж)	[gadʲúka]
cobra-capelo, naja (f)	кобра (ж)	[kóbra]
pitão (m)	питон (м)	[pitón]
jiboia (f)	удав (м)	[udáf]
cobra-de-água (f)	уж (м)	[úʃ]
cascavel (f)	гремучая змея (ж)	[gremútʃaja zmejá]
anaconda (f)	анаконда (ж)	[anakónda]
lagarto (m)	ящерица (ж)	[jáʃeritsa]
iguana (f)	игуана (ж)	[iguána]
varano (m)	варан (м)	[varán]
salamandra (f)	саламандра (ж)	[salamándra]
camaleão (m)	хамелеон (м)	[hameleón]
escorpião (m)	скорпион (м)	[skɔrpión]
tartaruga (f)	черепаха (ж)	[tʃerepáha]
rã (f)	лягушка (ж)	[lɪgúʃka]
sapo (m)	жаба (ж)	[ʒába]
crocodilo (m)	крокодил (м)	[krɔkɔdíl]

183. Insetos

inseto (m)	насекомое (с)	[nasekómɔe]
borboleta (f)	бабочка (ж)	[bábɔtʃka]
formiga (f)	муравей (м)	[muravéj]
mosca (f)	муха (ж)	[múha]
mosquito (m)	комар (м)	[kɔmár]
escaravelho (m)	жук (м)	[ʒúk]
vespa (f)	оса (ж)	[ɔsá]
abelha (f)	пчела (ж)	[ptʃelá]
mamangava (f)	шмель (м)	[ʃmélʲ]
moscardo (m)	овод (м)	[óvɔd]
aranha (f)	паук (м)	[paúk]
teia (f) de aranha	паутина (ж)	[pautína]
libélula (f)	стрекоза (ж)	[strekɔzá]
gafanhoto-do-campo (m)	кузнечик (м)	[kuznétʃik]
traça (f)	мотылёк (м)	[mɔtilǿk]
barata (f)	таракан (м)	[tarakán]
carraça (f)	клещ (м)	[kléʃʲ]
pulga (f)	блоха (ж)	[blɔhá]
borrachudo (m)	мошка (ж)	[móʃka]
gafanhoto (m)	саранча (ж)	[sarantʃá]
caracol (m)	улитка (ж)	[ulítka]

grilo (m)	сверчок (м)	[svertʃók]
pirilampo (m)	светлячок (м)	[svetlɪtʃók]
joaninha (f)	божья коровка (ж)	[bóʒja kɔrófka]
besouro (m)	майский жук (м)	[májskij ʒúk]
sanguessuga (f)	пиявка (ж)	[pijáfka]
lagarta (f)	гусеница (ж)	[gúsenɪʦa]
minhoca (f)	червь (м)	[tʃérfʲ]
larva (f)	личинка (ж)	[litʃínka]

184. Animais. Partes do corpo

bico (m)	клюв (м)	[klʲúf]
asas (f pl)	крылья (с мн)	[krīlja]
pata (f)	лапа (ж)	[lápa]
plumagem (f)	оперение (с)	[ɔperénie]
pena, pluma (f)	перо (с)	[peró]
crista (f)	хохолок (м)	[hɔhɔlók]
brânquias, guelras (f pl)	жабры (мн)	[ʒábri]
ovas (f pl)	икра (ж)	[ikrá]
larva (f)	личинка (ж)	[litʃínka]
barbatana (f)	плавник (м)	[plavník]
escama (f)	чешуя (ж)	[tʃeʃujá]
canino (m)	клык (м)	[klīk]
pata (f)	лапа (ж)	[lápa]
focinho (m)	морда (ж)	[mórda]
boca (f)	пасть (ж)	[pástʲ]
cauda (f), rabo (m)	хвост (м)	[hvóst]
bigodes (m pl)	усы (м мн)	[usī]
casco (m)	копыто (с)	[kɔpītɔ]
corno (m)	рог (м)	[róg]
carapaça (f)	панцирь (м)	[pántsirʲ]
concha (f)	ракушка (ж)	[rakúʃka]
casca (f) de ovo	скорлупа (ж)	[skɔrlupá]
pelo (m)	шерсть (ж)	[ʃǽrstʲ]
pele (f), couro (m)	шкура (ж)	[ʃkúra]

185. Animais. Habitats

hábitat	среда (ж) обитания	[sredá ɔbitánija]
migração (f)	миграция (ж)	[migrátsija]
montanha (f)	гора (ж)	[gɔrá]
recife (m)	риф (м)	[ríf]
falésia (f)	скала (ж)	[skalá]
floresta (f)	лес (м)	[lés]
selva (f)	джунгли (мн)	[dʒúngli]

| savana (f) | саванна (ж) | [savána] |
| tundra (f) | тундра (ж) | [túndra] |

estepe (f)	степь (ж)	[stépʲ]
deserto (m)	пустыня (ж)	[pustínʲa]
oásis (m)	оазис (м)	[ɔázis]

mar (m)	море (с)	[móre]
lago (m)	озеро (с)	[ózerɔ]
oceano (m)	океан (м)	[ɔkeán]

pântano (m)	болото (с)	[bɔlótɔ]
de água doce	пресноводный	[presnɔvódnij]
lagoa (f)	пруд (м)	[prúd]
rio (m)	река (ж)	[reká]

toca (f) do urso	берлога (ж)	[berlóga]
ninho (m)	гнездо (с)	[gnezdó]
buraco (m) de árvore	дупло (с)	[dupló]
toca (f)	нора (ж)	[nɔrá]
formigueiro (m)	муравейник (м)	[muravéjnik]

Flora

186. Árvores

árvore (f)	дерево (с)	[dérevɔ]
decídua	лиственное	[lístvenɔe]
conífera	хвойное	[hvójnɔe]
perene	вечнозелёное	[vetʃnɔ·zelǿnɔe]
macieira (f)	яблоня (ж)	[jáblɔnʲa]
pereira (f)	груша (ж)	[grúʃa]
cerejeira (f)	черешня (ж)	[ʧeréʃnʲa]
ginjeira (f)	вишня (ж)	[víʃnʲa]
ameixeira (f)	слива (ж)	[slíva]
bétula (f)	берёза (ж)	[berǿza]
carvalho (m)	дуб (м)	[dúb]
tília (f)	липа (ж)	[lípa]
choupo-tremedor (m)	осина (ж)	[ɔsína]
bordo (m)	клён (м)	[klǿn]
espruce-europeu (m)	ель (ж)	[élʲ]
pinheiro (m)	сосна (ж)	[sɔsná]
alerce, lariço (m)	лиственница (ж)	[lístveniʦa]
abeto (m)	пихта (ж)	[píhta]
cedro (m)	кедр (м)	[kédr]
choupo, álamo (m)	тополь (м)	[tópɔlʲ]
tramazeira (f)	рябина (ж)	[rɪbína]
salgueiro (m)	ива (ж)	[íva]
amieiro (m)	ольха (ж)	[ɔlʲhá]
faia (f)	бук (м)	[búk]
ulmeiro (m)	вяз (м)	[vʲás]
freixo (m)	ясень (м)	[jásenʲ]
castanheiro (m)	каштан (м)	[kaʃtán]
magnólia (f)	магнолия (ж)	[magnólija]
palmeira (f)	пальма (ж)	[pálʲma]
cipreste (m)	кипарис (м)	[kiparís]
mangue (m)	мангровое дерево (с)	[mángrɔvɔe dérevɔ]
embondeiro, baobá (m)	баобаб (м)	[baɔbáb]
eucalipto (m)	эвкалипт (м)	[ɛfkalípt]
sequoia (f)	секвойя (ж)	[sekvója]

187. Arbustos

arbusto (m)	куст (м)	[kúst]
arbusto (m), moita (f)	кустарник (м)	[kustárnik]

| videira (f) | виноград (м) | [vinɔgrád] |
| vinhedo (m) | виноградник (м) | [vinɔgrádnik] |

framboeseira (f)	малина (ж)	[malína]
groselheira-preta (f)	чёрная смородина (ж)	[tʃórnaja smɔródina]
groselheira-vermelha (f)	красная смородина (ж)	[krásnaja smɔródina]
groselheira (f) espinhosa	крыжовник (м)	[kriʒóvnik]

acácia (f)	акация (ж)	[akátsija]
bérberis (f)	барбарис (м)	[barbarís]
jasmim (m)	жасмин (м)	[ʒasmín]

junípero (m)	можжевельник (м)	[mɔʒevélʲnik]
roseira (f)	розовый куст (м)	[rózɔvij kúst]
roseira (f) brava	шиповник (м)	[ʃipóvnik]

188. Cogumelos

cogumelo (m)	гриб (м)	[gríb]
cogumelo (m) comestível	съедобный гриб (м)	[sjedóbnij gríb]
cogumelo (m) venenoso	ядовитый гриб (м)	[jɪdɔvítij gríb]
chapéu (m)	шляпка (ж)	[ʃlʲápka]
pé, caule (m)	ножка (ж)	[nóʃka]

boleto (m)	белый гриб (м)	[bélij gríb]
boleto (m) alaranjado	подосиновик (м)	[pɔdɔsínɔvik]
míscaro (m) das bétulas	подберёзовик (м)	[pɔdberɵzɔvik]
cantarela (f)	лисичка (ж)	[lisítʃka]
rússula (f)	сыроежка (ж)	[sirɔéʃka]

morchella (f)	сморчок (м)	[smɔrtʃók]
agário-das-moscas (m)	мухомор (м)	[muhɔmór]
cicuta (f) verde	поганка (ж)	[pɔgánka]

189. Frutos. Bagas

maçã (f)	яблоко (с)	[jáblɔkɔ]
pera (f)	груша (ж)	[grúʃa]
ameixa (f)	слива (ж)	[slíva]

morango (m)	клубника (ж)	[klubníka]
ginja (f)	вишня (ж)	[víʃnʲa]
cereja (f)	черешня (ж)	[tʃeréʃnʲa]
uva (f)	виноград (м)	[vinɔgrád]

framboesa (f)	малина (ж)	[malína]
groselha (f) preta	чёрная смородина (ж)	[tʃórnaja smɔródina]
groselha (f) vermelha	красная смородина (ж)	[krásnaja smɔródina]
groselha (f) espinhosa	крыжовник (м)	[kriʒóvnik]
oxicoco (m)	клюква (ж)	[klʲúkva]
laranja (f)	апельсин (м)	[apelʲsín]
tangerina (f)	мандарин (м)	[mandarín]

ananás (m)	ананас (м)	[ananás]
banana (f)	банан (м)	[banán]
tâmara (f)	финик (м)	[fínik]

limão (m)	лимон (м)	[limón]
damasco (m)	абрикос (м)	[abrikós]
pêssego (m)	персик (м)	[pérsik]
kiwi (m)	киви (м)	[kívi]
toranja (f)	грейпфрут (м)	[gréjpfrut]

baga (f)	ягода (ж)	[jágɔda]
bagas (f pl)	ягоды (ж мн)	[jágɔdi]
arando (m) vermelho	брусника (ж)	[brusníka]
morango-silvestre (m)	земляника (ж)	[zemlɪníka]
mirtilo (m)	черника (ж)	[ʧerníka]

190. Flores. Plantas

| flor (f) | цветок (м) | [ʦvetók] |
| ramo (m) de flores | букет (м) | [bukét] |

rosa (f)	роза (ж)	[róza]
tulipa (f)	тюльпан (м)	[tʲulʲpán]
cravo (m)	гвоздика (ж)	[gvɔzdíka]
gladíolo (m)	гладиолус (м)	[gladiólus]

centáurea (f)	василёк (м)	[vasilȯk]
campânula (f)	колокольчик (м)	[kɔlɔkólʲʧik]
dente-de-leão (m)	одуванчик (м)	[ɔduvánʧik]
camomila (f)	ромашка (ж)	[rɔmáʃka]

aloé (m)	алоэ (с)	[alóɛ]
cato (m)	кактус (м)	[káktus]
fícus (m)	фикус (м)	[fíkus]

lírio (m)	лилия (ж)	[lílija]
gerânio (m)	герань (ж)	[geránʲ]
jacinto (m)	гиацинт (м)	[giaʦīnt]

mimosa (f)	мимоза (ж)	[mimóza]
narciso (m)	нарцисс (м)	[narʦīs]
capuchinha (f)	настурция (ж)	[nastúrʦija]

orquídea (f)	орхидея (ж)	[ɔrhidéja]
peónia (f)	пион (м)	[pión]
violeta (f)	фиалка (ж)	[fiálka]

amor-perfeito (m)	анютины глазки (мн)	[anʲútini gláski]
não-me-esqueças (m)	незабудка (ж)	[nezabútka]
margarida (f)	маргаритка (ж)	[margarítka]

papoula (f)	мак (м)	[mák]
cânhamo (m)	конопля (ж)	[kɔnɔplʲá]
hortelã (f)	мята (ж)	[mʲáta]

lírio-do-vale (m)	ландыш (м)	[lándiʃ]
campânula-branca (f)	подснежник (м)	[potsnéʒnik]
urtiga (f)	крапива (ж)	[krapíva]
azeda (f)	щавель (м)	[ʃavélʲ]
nenúfar (m)	кувшинка (ж)	[kufʃínka]
feto (m), samambaia (f)	папоротник (м)	[páportnik]
líquen (m)	лишайник (м)	[liʃájnik]
estufa (f)	оранжерея (ж)	[oranʒeréja]
relvado (m)	газон (м)	[gazón]
canteiro (m) de flores	клумба (ж)	[klúmba]
planta (f)	растение (с)	[rasténie]
erva (f)	трава (ж)	[travá]
folha (f) de erva	травинка (ж)	[travínka]
folha (f)	лист (м)	[líst]
pétala (f)	лепесток (м)	[lepestók]
talo (m)	стебель (м)	[stébelʲ]
tubérculo (m)	клубень (м)	[klúbenʲ]
broto, rebento (m)	росток (м)	[rostók]
espinho (m)	шип (м)	[ʃíp]
florescer (vi)	цвести (нсв, нпх)	[tsvestí]
murchar (vi)	вянуть (нсв, нпх)	[vʲánutʲ]
cheiro (m)	запах (м)	[zápah]
cortar (flores)	срезать (св, пх)	[srézatʲ]
colher (uma flor)	сорвать (св, пх)	[sorvátʲ]

191. Cereais, grãos

grão (m)	зерно (с)	[zernó]
cereais (plantas)	зерновые растения (с мн)	[zernovīe rasténija]
espiga (f)	колос (м)	[kólos]
trigo (m)	пшеница (ж)	[pʃɛnítsa]
centeio (m)	рожь (ж)	[róʃ]
aveia (f)	овёс (м)	[ovǿs]
milho-miúdo (m)	просо (с)	[próso]
cevada (f)	ячмень (м)	[jɪtʃménʲ]
milho (m)	кукуруза (ж)	[kukurúza]
arroz (m)	рис (м)	[rís]
trigo-sarraceno (m)	гречиха (ж)	[gretʃíha]
ervilha (f)	горох (м)	[goróh]
feijão (m)	фасоль (ж)	[fasólʲ]
soja (f)	соя (ж)	[sója]
lentilha (f)	чечевица (ж)	[tʃetʃevítsa]
fava (f)	бобы (мн)	[bobī]

GEOGRAFIA REGIONAL

Países. Nacionalidades

192. Política. Governo. Parte 1

política (f)	политика (ж)	[pɔlítika]
político	политический	[pɔlitítʃeskij]
político (m)	политик (м)	[pɔlítik]
estado (m)	государство (с)	[gɔsudárstvɔ]
cidadão (m)	гражданин (м)	[graʒdanín]
cidadania (f)	гражданство (с)	[graʒdánstvɔ]
brasão (m) de armas	национальный герб (м)	[natsiɔnálʲnij gérb]
hino (m) nacional	государственный гимн (м)	[gɔsudárstvenij gímn]
governo (m)	правительство (с)	[pravítelʲstvɔ]
Chefe (m) de Estado	руководитель (м) страны	[rukɔvɔdítelʲ stranī]
parlamento (m)	парламент (м)	[parláment]
partido (m)	партия (ж)	[pártija]
capitalismo (m)	капитализм (м)	[kapitalízm]
capitalista	капиталистический	[kapitalistítʃeskij]
socialismo (m)	социализм (м)	[sɔtsialízm]
socialista	социалистический	[sɔtsialistítʃeskij]
comunismo (m)	коммунизм (м)	[kɔmunízm]
comunista	коммунистический	[kɔmunistítʃeskij]
comunista (m)	коммунист (м)	[kɔmuníst]
democracia (f)	демократия (ж)	[demɔkrátija]
democrata (m)	демократ (м)	[demɔkrát]
democrático	демократический	[demɔkratítʃeskij]
Partido (m) Democrático	демократическая партия (ж)	[demɔkratítʃeskaja pártija]
liberal (m)	либерал (м)	[liberál]
liberal	либеральный	[liberálʲnij]
conservador (m)	консерватор (м)	[kɔnservátɔr]
conservador	консервативный	[kɔnservatívnij]
república (f)	республика (ж)	[respúblika]
republicano (m)	республиканец (м)	[respublikánets]
Partido (m) Republicano	республиканская партия (ж)	[respublikánskaja pártija]
eleições (f pl)	выборы (мн)	[vībɔri]

eleger (vt)	выбирать (нсв, пх)	[vibirátʲ]
eleitor (m)	избиратель (м)	[izbirátelʲ]
campanha (f) eleitoral	избирательная кампания (ж)	[izbirátelʲnaja kampánija]

votação (f)	голосование (с)	[gɔlɔsɔvánie]
votar (vi)	голосовать (нсв, нпх)	[gɔlɔsɔvátʲ]
direito (m) de voto	право (с) голоса	[právɔ gólɔsa]

candidato (m)	кандидат (м)	[kandidát]
candidatar-se (vi)	баллотироваться (нсв, возв)	[balɔtírɔvatsa]
campanha (f)	кампания (ж)	[kampánija]

da oposição	оппозиционный	[ɔpɔzitsiónnij]
oposição (f)	оппозиция (ж)	[ɔpɔzítsija]

visita (f)	визит (м)	[vizít]
visita (f) oficial	официальный визит (м)	[ɔfitsiálʲnij vizít]
internacional	международный	[meʒdunaródnij]

negociações (f pl)	переговоры (мн)	[peregɔvóri]
negociar (vi)	вести переговоры	[vestí peregɔvóri]

193. Política. Governo. Parte 2

sociedade (f)	общество (с)	[ópʃestvɔ]
constituição (f)	конституция (ж)	[kɔnstitútsija]
poder (ir para o ~)	власть (ж)	[vlástʲ]
corrupção (f)	коррупция (ж)	[kɔrúptsija]

lei (f)	закон (м)	[zakón]
legal	законный	[zakónnij]

justiça (f)	справедливость (ж)	[spravedlívɔstʲ]
justo	справедливый	[spravedlívij]

comité (m)	комитет (м)	[kɔmitét]
projeto-lei (m)	законопроект (м)	[zakónɔ·prɔǽkt]
orçamento (m)	бюджет (м)	[bʲudʒǽt]
política (f)	политика (ж)	[pɔlítika]
reforma (f)	реформа (ж)	[refórma]
radical	радикальный	[radikálʲnij]

força (f)	сила (ж)	[síla]
poderoso	сильный	[sílʲnij]
partidário (m)	сторонник (м)	[stɔrónnik]
influência (f)	влияние (с)	[vlijánie]

regime (m)	режим (м)	[reʒīm]
conflito (m)	конфликт (м)	[kɔnflíkt]
conspiração (f)	заговор (м)	[zágɔvɔr]
provocação (f)	провокация (ж)	[prɔvɔkátsija]
derrubar (vt)	свергнуть (св, пх)	[svérgnutʲ]
derrube (m), queda (f)	свержение (с)	[sverʒǽnie]

revolução (f)	революция (ж)	[revolʲútsija]
golpe (m) de Estado	переворот (м)	[perevɔrót]
golpe (m) militar	военный переворот (м)	[vɔénnij perevɔrót]

crise (f)	кризис (м)	[krízis]
recessão (f) económica	экономический спад (м)	[ɛkɔnɔmítʃeskij spád]
manifestante (m)	демонстрант (м)	[demɔnstránt]
manifestação (f)	демонстрация (ж)	[demɔnstrátsija]
lei (f) marcial	военное положение (с)	[vɔénnɔe pɔlɔʒǽnie]
base (f) militar	военная база (ж)	[vɔénnaja báza]

estabilidade (f)	стабильность (ж)	[stabílʲnɔstʲ]
estável	стабильный	[stabílʲnij]

exploração (f)	эксплуатация (ж)	[ɛkspluatátsija]
explorar (vt)	эксплуатировать (нсв, пх)	[ɛkspluatírɔvatʲ]

racismo (m)	расизм (м)	[rasízm]
racista (m)	расист (м)	[rasíst]
fascismo (m)	фашизм (м)	[faʃízm]
fascista (m)	фашист (м)	[faʃíst]

194. Países. Diversos

estrangeiro (m)	иностранец (м)	[inɔstránets]
estrangeiro	иностранный	[inɔstránnij]
no estrangeiro	за границей	[za granítsɛj]

emigrante (m)	эмигрант (м)	[ɛmigránt]
emigração (f)	эмиграция (ж)	[ɛmigrátsija]
emigrar (vi)	эмигрировать (н/св, нпх)	[ɛmigrírɔvatʲ]

Ocidente (m)	Запад (м)	[západ]
Oriente (m)	Восток (м)	[vɔstók]
Extremo Oriente (m)	Дальний Восток (м)	[dálʲnij vɔstók]

civilização (f)	цивилизация (ж)	[tsivilizátsija]
humanidade (f)	человечество (с)	[tʃelɔvétʃestvɔ]
mundo (m)	мир (м)	[mír]
paz (f)	мир (м)	[mír]
mundial	мировой	[mirɔvój]

pátria (f)	родина (ж)	[ródina]
povo (m)	народ (м)	[naród]
população (f)	население (с)	[naselénie]
gente (f)	люди (м мн)	[lʲúdi]
nação (f)	нация (ж)	[nátsija]
geração (f)	поколение (с)	[pɔkɔlénie]

território (m)	территория (ж)	[teritórija]
região (f)	регион (м)	[región]
estado (m)	штат (м)	[ʃtát]
tradição (f)	традиция (ж)	[tradítsija]
costume (m)	обычай (м)	[ɔbȉtʃaj]

ecologia (f)	экология (ж)	[ɛkɔlógija]
índio (m)	индеец (м)	[indéeʦ]
cigano (m)	цыган (м)	[ʦigán]
cigana (f)	цыганка (ж)	[ʦigánka]
cigano	цыганский	[ʦigánskij]

império (m)	империя (ж)	[impérija]
colónia (f)	колония (ж)	[kɔlónija]
escravidão (f)	рабство (c)	[rábstvɔ]
invasão (f)	нашествие (c)	[naʃǽstvie]
fome (f)	голод (м)	[gólɔd]

195. Grupos religiosos mais importantes. Confissões

| religião (f) | религия (ж) | [relígija] |
| religioso | религиозный | [religióznij] |

crença (f)	верование (c)	[vérɔvanie]
crer (vt)	верить (нсв, пх)	[vériti]
crente (m)	верующий (м)	[vérujuʃij]

| ateísmo (m) | атеизм (м) | [atɛízm] |
| ateu (m) | атеист (м) | [atɛíst] |

cristianismo (m)	христианство (c)	[hristiánstvɔ]
cristão (m)	христианин (м)	[hristianín]
cristão	христианский	[hristiánskij]

catolicismo (m)	Католицизм (м)	[katɔliʦīzm]
católico (m)	католик (м)	[katólik]
católico	католический	[katɔlítʃeskij]

protestantismo (m)	Протестантство (c)	[prɔtestánʦtvɔ]
Igreja (f) Protestante	Протестантская церковь (ж)	[prɔtestánskaja ʦǽrkɔfi]
protestante (m)	протестант (м)	[prɔtestánt]

ortodoxia (f)	Православие (c)	[pravɔslávie]
Igreja (f) Ortodoxa	Православная церковь (ж)	[pravɔslávnaja ʦǽrkɔfi]
ortodoxo (m)	православный (м)	[pravɔslávnij]

presbiterianismo (m)	Пресвитерианство (c)	[presviteriánstvɔ]
Igreja (f) Presbiteriana	Пресвитерианская церковь (ж)	[presviteriánskaja ʦǽrkɔfi]
presbiteriano (m)	пресвитерианин (м)	[presviteriánin]

| Igreja (f) Luterana | Лютеранская церковь (ж) | [lʲuteránskaja ʦǽrkɔfi] |
| luterano (m) | лютеранин (м) | [lʲuteránin] |

| Igreja (f) Batista | Баптизм (м) | [baptízm] |
| batista (m) | баптист (м) | [baptíst] |

| Igreja (f) Anglicana | Англиканская церковь (ж) | [anglikánskaja ʦǽrkɔfi] |
| anglicano (m) | англиканин (м) | [anglikánin] |

| mormonismo (m) | Мормонство (c) | [mɔrmónstvɔ] |
| mórmon (m) | мормон (м) | [mɔrmón] |

| Judaísmo (m) | Иудаизм (м) | [iudaízm] |
| judeu (m) | иудей (м) | [iudéj] |

| budismo (m) | Буддизм (м) | [buḏízm] |
| budista (m) | буддист (м) | [buḏíst] |

| hinduísmo (m) | Индуизм (м) | [induízm] |
| hindu (m) | индуист (м) | [induíst] |

Islão (m)	Ислам (м)	[islám]
muçulmano (m)	мусульманин (м)	[musulʲmánin]
muçulmano	мусульманский	[musulʲmánskij]

| Xiismo (m) | Шиизм (м) | [ʃiízm] |
| xiita (m) | шиит (м) | [ʃiít] |

| sunismo (m) | Суннизм (м) | [sunízm] |
| sunita (m) | суннит (м) | [sunít] |

196. Religiões. Padres

| padre (m) | священник (м) | [svɪʃénik] |
| Papa (m) | Папа Римский (м) | [pápa rímskij] |

monge (m)	монах (м)	[mɔnáh]
freira (f)	монахиня (ж)	[mɔnáhinʲa]
pastor (m)	пастор (м)	[pástɔr]

abade (m)	аббат (м)	[abát]
vigário (m)	викарий (м)	[vikárij]
bispo (m)	епископ (м)	[epískɔp]
cardeal (m)	кардинал (м)	[kardinál]

pregador (m)	проповедник (м)	[prɔpɔvédnik]
sermão (m)	проповедь (ж)	[própɔvetʲ]
paroquianos (pl)	прихожане (мн)	[prihɔʒáne]

| crente (m) | верующий (м) | [vérujuʃij] |
| ateu (m) | атеист (м) | [atɛíst] |

197. Fé. Cristianismo. Islão

| Adão | Адам (м) | [adám] |
| Eva | Ева (ж) | [éva] |

Deus (m)	Бог (м)	[bóh]
Senhor (m)	Господь (м)	[gɔspótʲ]
Todo Poderoso (m)	Всемогущий (м)	[fsemɔgúʃij]
pecado (m)	грех (м)	[gréh]

pecar (vi)	грешить (нсв, нпх)	[greʃitʲ]
pecador (m)	грешник (м)	[gréʃnik]
pecadora (f)	грешница (ж)	[gréʃnitsa]
inferno (m)	ад (м)	[ád]
paraíso (m)	рай (м)	[ráj]
Jesus	Иисус (м)	[iisús]
Jesus Cristo	Иисус Христос (м)	[iisús hristós]
Espírito (m) Santo	Святой Дух (м)	[svɪtój dúh]
Salvador (m)	Спаситель (м)	[spasítelʲ]
Virgem Maria (f)	Богородица (ж)	[bɔgɔróditsa]
Diabo (m)	Дьявол (м)	[djávɔl]
diabólico	дьявольский	[djávɔlʲskij]
Satanás (m)	Сатана (ж)	[sataná]
satânico	сатанинский	[satanínskij]
anjo (m)	ангел (м)	[ángel]
anjo (m) da guarda	ангел-хранитель (м)	[ángel-hranítelʲ]
angélico	ангельский	[ángelʲskij]
apóstolo (m)	апостол (м)	[apóstɔl]
arcanjo (m)	архангел (м)	[arhángel]
anticristo (m)	антихрист (м)	[antíhrist]
Igreja (f)	Церковь (ж)	[tsǽrkɔfʲ]
Bíblia (f)	библия (ж)	[bíblija]
bíblico	библейский	[bibléjskij]
Velho Testamento (m)	Ветхий Завет (м)	[vétxij zavét]
Novo Testamento (m)	Новый Завет (м)	[nóvɪj zavét]
Evangelho (m)	Евангелие (c)	[evángelie]
Sagradas Escrituras (f pl)	Священное Писание (c)	[svɪʃénɔe pisánie]
Céu (m)	Царство (c) Небесное	[tsárstvɔ nebésnɔe]
mandamento (m)	заповедь (ж)	[zápɔvetʲ]
profeta (m)	пророк (м)	[prɔrók]
profecia (f)	пророчество (c)	[prɔrótʃestvɔ]
Alá	Аллах (м)	[aláh]
Maomé	Мухаммед (м)	[muhámmed]
Corão, Alcorão (m)	Коран (м)	[kɔrán]
mesquita (f)	мечеть (ж)	[metʃétʲ]
mulá (m)	мулла (ж)	[mulá]
oração (f)	молитва (ж)	[mɔlítva]
rezar, orar (vi)	молиться (нсв, возв)	[mɔlítsa]
peregrinação (f)	паломничество (c)	[palómnitʃestvɔ]
peregrino (m)	паломник (м)	[palómnik]
Meca (f)	Мекка (ж)	[mékka]
igreja (f)	церковь (ж)	[tsǽrkɔfʲ]
templo (m)	храм (м)	[hrám]

catedral (f)	собор (м)	[sɔbór]
gótico	готический	[gɔtítʃeskij]
sinagoga (f)	синагога (ж)	[sinagóga]
mesquita (f)	мечеть (ж)	[metʃétʲ]
capela (f)	часовня (ж)	[tʃasóvnʲa]
abadia (f)	аббатство (с)	[abátstvɔ]
convento (m)	монастырь (м)	[mɔnastīrʲ]
mosteiro (m)	монастырь (м)	[mɔnastīrʲ]
sino (m)	колокол (м)	[kólɔkɔl]
campanário (m)	колокольня (ж)	[kɔlɔkólʲnʲa]
repicar (vi)	звонить (нсв, нпх)	[zvɔnítʲ]
cruz (f)	крест (м)	[krést]
cúpula (f)	купол (м)	[kúpɔl]
ícone (m)	икона (ж)	[ikóna]
alma (f)	душа (ж)	[duʃá]
destino (m)	судьба (ж)	[sutʲbá]
mal (m)	зло (с)	[zló]
bem (m)	добро (с)	[dɔbró]
vampiro (m)	вампир (м)	[vampír]
bruxa (f)	ведьма (ж)	[védʲma]
demónio (m)	демон (м)	[démɔn]
espírito (m)	дух (м)	[dúh]
redenção (f)	искупление (с)	[iskuplénie]
redimir (vt)	искупить (св, пх)	[iskupítʲ]
missa (f)	служба (ж)	[slúʒba]
celebrar a missa	служить (нсв, нпх)	[sluʒítʲ]
confissão (f)	исповедь (ж)	[íspɔvetʲ]
confessar-se (vr)	исповедоваться (н/св, возв)	[ispɔvédɔvatsa]
santo (m)	святой (м)	[svɪtój]
sagrado	священный	[svɪʃénij]
água (f) benta	святая вода (ж)	[svɪtája vɔdá]
ritual (m)	ритуал (м)	[rituál]
ritual	ритуальный	[rituálʲnij]
sacrifício (m)	жертвоприношение (с)	[ʒértvɔ·prinɔʃǽnie]
superstição (f)	суеверие (с)	[suevérie]
supersticioso	суеверный	[suevérnij]
vida (f) depois da morte	загробная жизнь (ж)	[zagróbnaja ʒīznʲ]
vida (f) eterna	вечная жизнь (ж)	[vétʃnaja ʒīznʲ]

TEMAS DIVERSOS

198. Várias palavras úteis

ajuda (f)	помощь (ж)	[pómɔʃ]
barreira (f)	преграда (ж)	[pregráda]
base (f)	база (ж)	[báza]
categoria (f)	категория (ж)	[kategórija]
causa (f)	причина (ж)	[pritʃína]
coincidência (f)	совпадение (c)	[sɔfpadénie]
coisa (f)	вещь (ж)	[véʃ]
começo (m)	начало (c)	[natʃálɔ]
cómodo (ex. poltrona ~a)	удобный	[udóbnij]
comparação (f)	сравнение (c)	[sravnénie]
compensação (f)	компенсация (ж)	[kɔmpensátsija]
crescimento (m)	рост (м)	[róst]
desenvolvimento (m)	развитие (c)	[razvítie]
diferença (f)	различие (c)	[razlítʃie]
efeito (m)	эффект (м)	[ɛfékt]
elemento (m)	элемент (м)	[ɛlemént]
equilíbrio (m)	баланс (м)	[baláns]
erro (m)	ошибка (ж)	[ɔʃîpka]
esforço (m)	усилие (c)	[usílie]
estilo (m)	стиль (м)	[stílʲ]
exemplo (m)	пример (м)	[primér]
facto (m)	факт (м)	[fákt]
fim (m)	окончание (c)	[ɔkɔntʃánie]
forma (f)	форма (ж)	[fórma]
frequente	частый	[tʃástij]
fundo (ex. ~ verde)	фон (м)	[fón]
género (tipo)	вид (м)	[víd]
grau (m)	степень (ж)	[stépenʲ]
ideal (m)	идеал (м)	[ideál]
labirinto (m)	лабиринт (м)	[labirínt]
modo (m)	способ (м)	[spósɔb]
momento (m)	момент (м)	[mɔmént]
objeto (m)	объект (м)	[ɔbjékt]
obstáculo (m)	препятствие (c)	[prepʲátstvie]
original (m)	оригинал (м)	[originál]
padrão	стандартный	[standártnij]
padrão (m)	стандарт (м)	[standárt]
paragem (pausa)	остановка (ж)	[ɔstanófka]
parte (f)	часть (ж)	[tʃástʲ]

partícula (f)	частица (ж)	[t͡ʃastítsa]
pausa (f)	пауза (ж)	[páuza]
posição (f)	позиция (ж)	[pozítsija]
princípio (m)	принцип (м)	[príntsip]
problema (m)	проблема (ж)	[probléma]
processo (m)	процесс (м)	[protsǽs]
progresso (m)	прогресс (м)	[prográs]
propriedade (f)	свойство (с)	[svójstvo]
reação (f)	реакция (ж)	[reáktsija]
risco (m)	риск (м)	[rísk]
ritmo (m)	темп (м)	[tǽmp]
segredo (m)	тайна (ж)	[tájna]
série (f)	серия (ж)	[sérija]
sistema (m)	система (ж)	[sistéma]
situação (f)	ситуация (ж)	[situátsija]
solução (f)	решение (с)	[reʃǽnie]
tabela (f)	таблица (ж)	[tablítsa]
termo (ex. ~ técnico)	термин (м)	[términ]
tipo (m)	тип (м)	[típ]
urgente	срочный	[sróʧnij]
urgentemente	срочно	[sróʧno]
utilidade (f)	польза (ж)	[pólʲza]
variante (f)	вариант (м)	[variánt]
variedade (f)	выбор (м)	[vībor]
verdade (f)	истина (ж)	[ístina]
vez (f)	очередь (ж)	[óʧeretʲ]
zona (f)	зона (ж)	[zóna]

www.ingramcontent.com/pod-product-compliance
Lightning Source LLC
LaVergne TN
LVHW051309080426
835509LV00020B/3189